Für meinen Mann, der die Leidenschaft seiner Familie für alte Scherben und Knochen mit Fassung trägt, und für Martin Kössler, ohne den unzählige archäologische Funde noch in den Tiefen des Kraichgaus verborgen lägen.

Brigitte R. Springer, geb. 1969 in Bretten, aufgewachsen in Flehingen. Verheiratet, zwei Töchter. Mitglied im Heimatkreis Oberderdingen und Museumsverein Flehingen. Publikationen und Ausstellungsorganisation für den Heimatkreis. Aufbau einer Biedermeiergruppe beim Museumsverein. Beamtin beim Landeswohlfahrtsverband Baden. Fachhochschulreife. Sammelte Erfahrungen mit Wein und Weinbau in langjähriger Tätigkeit beim Weingut Lutz in Oberderdingen. 2008 erschien ihr Buch „Eine weihnachtliche Reise durch Deutschland, Österreich, die Schweiz und Südtirol“ (Möwig/Edel Verlag).

Brigitte Springer

Die Tote im Weinkeller

Ein Kraichgau-Krimi

Lindemanns Bibliothek

Ähnlichkeiten mit lebenden Personen
sind nicht beabsichtigt und rein zufällig.

Einige Akteure

Andrea Leuchte: Es gibt ihrer Ansicht nach keine Peinlichkeit, die sie auslässt. Sobald jemand ihre Familie bedroht oder ihren frisch geputzten Fußboden betritt, wird sie zur Wölfin. Liebenswert und etwas chaotisch nimmt sie eigene Ermittlungen auf und blickt in die Abgründe der Seele so manchen Mitbürgers.

Joachim Leuchte: Nichts kann ihn mehr in den Bann ziehen wie alte Knochen und einsame Scherben. Völlig unverstanden von Familie und Bekannten, gräbt er sich durch den Lössboden des Kraichgaus und gerät in manch lebensbedrohliche Situation.

Emma Hofmann: Andreas beste Freundin ist immer für eine Überraschung gut. Nur zu gerne genießt sie bei einer Tasse Kaffee und Schneckennudeln den neusten Tratsch und Klatsch.

Kurt Blankenfels: Ein junger, gut aussehender Kripo-Kommissar wie aus dem Bilderbuch, jedem Laster abholt, bis er die herrlichen Kraichgauer Schneckennudeln kennenlernt und ihnen verfällt.

Thorsten Fuchs: Junger, dynamischer Bürgermeister, stets ziemlich „gefährdet", da die Mischung seiner Gemeinde Oberderdingen aus Badenern, Schwaben und Waldensern (aus dem Piemont) ganz schön explosiv ist.

Gerlinde Franke: Eine Ortschaftsrätin, die sich wohl einen Feind zu viel gemacht hatte, der ihr dann das Licht ausblies.

Samuel Friedrich Sauter: Dorfschulmeister, Poet, Namensgeber und Urbild des Biedermeiers.

1

Kühl war es geworden. Der Regen der vergangenen Nacht hing spürbar in der Luft. Im Ort schien noch alles zu schlafen. Lediglich beim „Bäcke Müller“ drang schwach das Licht auf den noch dunklen Bürgersteig. Der Duft von frischgebackenen Brötchen zog durch Flehingen und ich sog ihn gierig ein. Ich liebte diese Morgende im Herbst mit ihrer Kühle. Meist waren sie Vorboten für einen schönen Tag hier im Kraichgau.

In der Bäckerei pulsierte wider meiner Erwartung bereits das Leben. Dicht gedrängt standen die Frauen in dem kleinen Laden. Es war Samstag und sie ließen ihren Brotteig beim Bäcker ausbacken. Natürlich so früh wie möglich. Schließlich war man eine fleißige badische Hausfrau. Ein Attribut, welches man leider immer nur den Schwäbischen drüben, jenseits der Gemarkungsgrenze, zukommen ließ. Dabei hatten wir hier auch einen Handfeger und eine Kehrschaufel. Auch bekam es jede „Roigflickte“ (Eingeflickte), wie hier die jungen Frauen von außerhalb heißen, gnadenlos zu spüren, wenn sie es wagen sollte, am Samstagnachmittag vor vier Uhr bereits mit dem Putzen fertig zu sein, um sich womöglich auch noch auf das Gartenmäuerchen zum Ratschen zu setzen. Das Ratschen besorgte man ganz eindeutig am Samstagmorgen bei der Bäckerei Müller in der Gochsheimer Straße. Hierfür hatten sie schließlich ihr Alibi, den Brotteig.

Schnell bestellte ich das Gewünschte und hoffte so schnell wie möglich den Klatschweibern entfliehen zu können. Doch zu spät – sie hatten mich bereits ins Visier genommen.

„Guten Morgen, Frau Leuchte. Was macht die Familie? Sicher schlafen die Kleinen noch. Und Ihr Mann? Ist er schon bei seinen Ausgrabungen?"

„Nein, wie Sie das aushalten! Dabei hatte er doch einmal so einen guten Beruf. Und all der Dreck erst, den er damit nach Hause bringt ..."

„Ich hoffe, er bringt keine Totenschädel mit. Nein, also das dürfte mein Alfred nicht."

„Ein Geld sieht der Ärmste ja bestimmt nicht für seine Arbeit. Nicht dass es Ihnen peinlich sein muss, deshalb bedienen zu gehen. Eine rechtschaffene Frau wie Sie!"

Mir wurde ganz schwindelig dabei, wie ich versuchte, den einzelnen Fragen zu antworten. Dabei hätte ich doch wissen müssen, dass die Frauen gar keine Antworten erwarteten, denn sie hatten sie sich ja bereits schon gegeben. Und alleine die zählten. Ob richtig oder falsch war da unwichtig. Also entgegnete ich nur höflich: „Ja, Sie haben ja so Recht. Aber jetzt muss ich. Meine Waschmaschine läuft bereits und einen Käsekuchen habe ich auch schon im Backofen." Das saß!

„Nein wie fleißig!" hörte ich noch und genoss es mindestens für eine Weile wieder als ehrbare Hausfrau zu gelten.

Was die Waschmaschine und den Käsekuchen betraf, so würde die Waschmaschine heute irgendwann schon noch laufen und den Käsekuchen hatte ich bereits tiefgefroren im Supermarkt gekauft. (Ich schamloses Weib.) „Nein, Andrea ... Wie kannst du diese lieben Frauen nur so anlügen", dachte ich auf dem Nachhauseweg und lächelte vergnügt in mich hinein.

Trotz der morgendlichen Kühle deckte ich den Frühstückstisch auf der Terrasse unseres Häuschens. Vielleicht das letzte Mal in diesem Jahr. Wer weiß. Das Gartentürchen quietschte – und da kam er. Genau, wie es die Frauen vorher in der Bäckerei vermutet hatten. Total verdreckt, aber mit einem Leuchten auf dem Gesicht: mein Mann.

Dieses Strahlen ließ nichts Gutes erahnen. Er hatte etwas gefunden und ich musste nun Interesse für irgendeinen alten Knochen bekunden.

„Schau Schatz, ich habe ihn. Ich habe endlich den Beweis." Glücklich kam er auf mich zu. Breitete auf meinem sauberen, frisch gedeckten Tisch sein dreckiges Tuch aus, faltete es auseinander und erwartete, dass mich auf der Stelle der Blitz traf. Oder dass ich zum mindesten vor Begeisterung zur Salzsäule erstarrte. Doch ich sah nur einige mit Dreck verschmierte Dinge, von denen ich nur eines sagen konnte: Es waren ausnahmsweise keine Gebeine. Glücklicherweise war mein Gatte so in Euphorie, dass er meine Teilnahmslosigkeit nicht bemerkte.

„Schau, eine römische Münze," erklärte er entzückt.

„Dieses verdreckte Ding soll eine Münze sein?" Erstaunt sah ich das kleine Ding an und versuchte sogleich mit dem

Geschirrtuch dem Ding auf seine alten Tage mehr Glanz zu verschaffen.

„Nicht!“, entsetzt riss mir Joachim die Münze aus der Hand. „Geh mir bloß weg mit deinem schäbigen Tuch. Das muss unter dem Mikroskop gereinigt werden.“

Wie bitte, schäbiges Tuch? Er nannte mein nigelnagelneues Geschirrtuch aus 100 % Leinen schäbig? Beleidigt schnaufte ich auf.

Doch Joachim ließ sich von meinem Gefühlsausbruch nicht beeindrucken. „Schau hier, nimm es aber bloß nicht in die Hände“, warnte er mich und blieb vorsichtshalber mit dem nächsten Exponat auf Abstand „Ein keltischer Armreif. Aus Gold.“, hauchte er.

„Gold?“ In meinen Augen blitzte es auf. Wobei ich auf den zweiten Blick nichts Goldenes feststellen konnte. Das lag jedoch bestimmt an meiner Unkenntnis über alten Goldschmuck. Im Museum lag der Schmuck ja immer blitzend und blinkend in den Vitrinen. Der hier erinnerte mich eher an rostigen, alten Draht. Geduldig klärte mich mein Mann über seinen Schatz auf und darüber, dass der selbstverständlich nach fachgerechter Reinigung (dabei schaute er wieder geringschätzig auf mein neues Geschirrtuch) im alten Glanz erstrahlen würde.

„Das freut mich für dich“, meinte ich und bugsierte ihn mit seinen Schätzen in Richtung unseres Gartenhäuschens. Wobei es nicht gelogen war; es freute mich wirklich für ihn, wenn er etwas fand. Vor allem, wenn es tatsächlich aus Gold war. Sicher würde er dafür wieder keinen Cent vom Landesdenkmalamt bekommen, und die Spinnweben in unserer Haushaltskasse würden bleiben ... Aber, wie hatte es einst bei unserer Hochzeit geheißen: „Wie in guten so in schlechten Tagen." Wobei ich die guten ganz definitiv bevorzuge.

Unsere drei Kinder hatten beschlossen den Samstagvormittag zu nutzen, indem sie ihn verschliefen. Auch recht, so blieb mehr Zeit für mich – und ein Zwiegespräch mit meiner Wohnung.

Meine Schwiegermutter hatte sich für Sonntag zum Besuch angekündigt ... und welche Schwiegertochter wollte da nicht mit einer sauberen Wohnung glänzen!

Als sie (die Wohnung) dann endlich glänzte, gönnte ich mir eine Dusche und wollte mich gerade mit einer frischen Tasse Kaffee auf die Terrasse setzen. War ich im falschen Film? Da war doch jemand mit dreckverschmierten Schuhen über meinen frisch geputzten Parkettboden gelaufen! Ich wollte natürlich schon alle Höllenhunde auf meinen Mann hetzen, als ich bemerkte, dass diese Abdrücke von Damenschuhen stammten. Wer war da, während ich unter der Dusche gestanden hatte, über die Terrassentür in mein Haus gekommen, durch das Wohnzimmer, über meinen Steinboden im Flur und meine Küchenfliesen und wieder durch das Esszimmer auf die Terrasse zurückgegangen? Ich würde diese Person finden und am höchsten Baum aufhängen, das war gewiss.

„Wer war das?", rief ich wütend in den Garten. „Welches hirnverbrannte Rindvieh ist mit seinen Dreckgaloschen durch meine frisch geputzte Wohnung gelaufen?"

Auf den Nachbargrundstücken raschelte es, Gardinen fingen an zu wackeln und ich war mir bewusst, dass nun überall die Ohren gespitzt wurden. Aber das war mir egal. Sollten sie es doch alle erfahren, was für ein grausames Schicksal mir widerfahren war.

Aus unserem einstigen Gartenhäuschen, das zu einer Fund- und Sammelstelle meines Mannes umfunktioniert worden war, schallte eine weibliche Stimme zurück: „Wenn Sie die ganze Zeit unter der Dusche stehen und die Haustür sperrangelweit offen lassen, müssen Sie sich nicht wundern, wenn jemand durch die Wohnung läuft."

Auf den Nachbargrundstücken war es mucksmäuschenstill geworden. Selbst die Vögel hatten aufgehört zu singen. Welches Frauenzimmer suchte am Samstagmorgen meinen Mann in seinem Refugium auf und verschmutzte nebenbei meine Wohnung?

Gerlinde Neubauer, ihres Zeichens Gemeinderätin unseres beschaulichen und ach so friedlichen Örtchens, kam mir zornig entgegen: „Unverschämtheit unbescholtene Bürger zu beschimpfen! Aber was kann man von der Frau eines solchen Mannes schon erwarten? Ein Saboteur, ein Terrorist, das ist er." Sie schubste mich auf die Seite und verschwand über den Gartenweg.

Mein Mann schoss derweilen aus dem Gartenhäuschen und schrie ihr wutentbrannt nach: „Bei der nächsten Gelegenheit werde ich mir meine Finger an Ihnen schmutzig machen! Ich werde Ihnen den Hals umdrehen. Das verspreche ich Ihnen", drehte sich um und verschwand in seinem Hüttchen. Er knallte dabei die Tür dermaßen zu, dass die Vögel in der Umgebung vor Schreck davon flogen und das Hörgerät der alten Frau Braun nebenan zu pfeifen anfing.

Ich war noch nie ausreichend mit Taktgefühl gesegnet. Sämtliche Fettnäpfchen, in die ich hineintreten konnte, habe ich grundsätzlich präzise getroffen. Doch in diesem Moment merkte sogar ich, dass es besser war ganz leise ins Haus zurückzugehen, meinen Putzeimer zu schnappen, den Boden zu wischen – anstatt vor Neugierde über das, was da gerade im Gartenhäuschen vorgegangen war, zu zerplatzen.

2

Am Sonntagmorgen regnete es und die Leute hatten es eilig, trocken in die St.-Martins-Kirche – und anschließend schnell wieder nach Hause zu kommen. Die wenigen, die es unter den Regenschirmen aushielten, diskutierten heftig über das Ortsgeschehen. Doch bei diesem schlechten Wetter konnte der Bürgermeister ruhig seinen Sonntagsbraten genießen. Es waren derer zu wenige, um eine Revolution anzuzetteln. Dabei gärte es schon seit einiger Zeit in der Gemeinde. Es fing schon langsam an zu brodeln ... und daraus konnte schnell ein Flächenbrand entstehen.

Im Gasthaus Zum Adler tagte der Stammtisch. Die Wirtin hatte alle Hände voll zu tun. Während der hitzigen Diskussion wurden die Viertelesgläser bedrohlich hin- und her geschwenkt. Da mein Mann beschlossen hatte an diesem Sonntag dem Stammtisch beizuwohnen, brauchte ich erst gar nicht mit dem Essen auf ihn zu warten. Daher schmierte ich für mich und die Kinder ein paar leckere Brote, stopfte die Kleinen vorsorglich in ihre Regenkleidung und fuhr mit ihnen hinüber ins Schwäbische auf das Derdinger Horn. Bei Nieselregen und einem schönen Regenbogen über dem Kraichgau aßen wir in der Schutzhütte des Weinplateaus unsere Brote. Die Kinder stürmten die lange Rutsche neben der Aussichtsplattform – und so genoss ich, die Aussicht für mich alleine zu haben.

Während ich mir aus der Thermoskanne Kaffee einschenkte, schweifte mein Blick von den Weinbergen zur Ravensburg, über die sanften Hügel des Kraichgaus zur Steinsburg, weiter zum Königsstuhl und in Richtung Pfalz. Sie war heute wolkenverhangen, ließ sich nur erahnen.

Während ich meinen Gedanken nachhing, vernahm ich Schritte und dachte noch bei mir: „Nanu, meine Kinder können das nicht sein ..."

Da kam er auch schon um die Ecke und meinte: „Grüß Gott, Frau Leuchte, da habe ich doch richtig gerochen. Schon oben auf der Treppe duftete es herrlich nach Kaffee. Darf ich mich zu Ihnen setzen?" Freundlich grinste er mich an.

„Grüß Gott, Herr Bürgermeister. Natürlich dürfen Sie sich zu mir setzen. Wenn es Sie nicht stört, den Kaffee aus einem Pappbecher zu trinken, biete ich Ihnen gerne einen an." (Ich dachte: „Wie förmlich du wieder bist, Andrea ...")

Ich schenkte Thorsten Fuchs ein und lehnte mich zurück. Genüsslich roch ich an meiner Tasse. Doch etwas irritierte mich. Drang da nicht etwa ein süßlicher Damenduft in meine Nase? Also mein Parfüm war das nicht. Irgendwie kam es mir bekannt vor, aber vielleicht täuschte ich mich. Vorsichtig schnupperte ich an ihm. Glücklicherweise war er so sehr mit seinem Kaffee beschäftigt, dass er von meinem merkwürdigen Treiben nichts mitbekam. Abgesehen davon: Er war ja nicht verheiratet und ich konnte wohl annehmen, dass er eine Freundin hatte. Im Ort wusste niemand etwas davon – wie pikant! Aber dennoch, an wen erinnerte mich dieser elegante Damenduft?

Ich wandte ich mich ihm zu und meinte: „Ich muss gestehen, wenn ich bei diesem Wetter jemanden erwartet hätte, dann ganz bestimmt nicht Sie." Dabei sah ich ihn neugierig von der Seite an.

Er trank einen Schluck Kaffee und lehnte sich ebenfalls zurück. „Ich bin gerne hier oben, um den Kopf etwas frei zu bekommen. Wenn Sie verstehen, was ich meine. Vor allem bei diesem Wetter, dann ist hier normalerweise niemand. Wenn ich dann noch so ein Glück wie heute habe und mir ein Kaffee angeboten wird", meinte er und hielt mir ganz unverfroren den leeren Pappbecher hin. Ich schenkte ihm lächelnd nach.

„Von hier oben kann ich meine Gemeinde überblicken – bis auf Großvillars; doch die wurschteln da ja eh alleine vor sich hin und bereiten mir selten Kopfzerbrechen. Mit Derdingen und Flehingen ist das schon anders ..."

Ich lachte. Und musste mir als Flehingerin eine spitze Bemerkung über die Derdinger verkneifen. „Ich gehe einmal davon aus: Im Moment sind es wir in Flehingen, die Ihnen Kopfzerbrechen bereiten. Unten im Adler wird gerade schwer debattiert."

Ich schien den Nagel auf den Kopf getroffen zu haben. Sein Gesicht verfinsterte sich. Er trank seinen Kaffee aus und stand auf. „Egal, wie wir uns im Gemeinderat entscheiden, es wird Unmut geben. Entscheiden wir uns für die

Recyclinganlage, habe ich die Naturschützer und Anwohner gegen mich. Entscheide ich mich für das Schwefelbad, habe ich die Neider im Ort und Bad Schönborn am Hals."

Der arme Mann, ich hatte ja so Mitleid mit ihm! Bei seinem Monatsgehalt war eben so viel Ärger mit drin. Außerdem hatte er mir soeben meinen Kaffee weggetrunken. „Dummerweise ist auch der Gemeinderat in dieser Sache gespalten." Er schien sich die Sache von der Seele reden zu wollen. „Gerlinde Franke steht so sehr hinter der Idee mit der Recyclinganlage, dass eine Abwägung von Pro und Contra oder eine Diskussion in der Gemeinderatssitzung immer an ihr scheitert." Nun fing er auch noch an unruhig auf- und abzugehen.

„Nun, was die liebe Gerlinde betrifft, so habe ich das gestern gemerkt." Ich sah den dreckigen Fußboden wieder vor mir.

„Wieso?", fragte er mich erstaunt.

„Mein Mann hat das Buddeln mal wieder nicht lassen können und wohl etwas beim Schwefelbad gefunden, was sie sehr in Aufruhr versetzt hat. Sie findet, Joachim solle lieber wieder als Restaurator in seiner Werkstatt arbeiten als unnötigerweise nach alten Knochen zu graben. Etwas, worin ich ihr allerdings Recht gebe. Mir wäre es auch lieber, er ginge wieder seiner geregelten Arbeit nach als ..."

„Das war es also!", rief er erleichtert aus und unterbrach mich. Hektisch zog er ein Handy aus der Outdoorjacke. „Wie ist noch mal die Mobil-Nummer ihres Mannes?"

Verdutzt, in absoluter Unkenntnis seiner Gedankengänge, nannte ich sie ihm.

„Danke für den Kaffee", meinte er abwesend und verschwand um die Schutzhütte. Ich hörte, wie er meinen Mann am Telefon ganz aufgeregt etwas fragte. Typisch Politiker. Erst einen auf erschöpft und überarbeitet machen, dem armen Bürger den Kaffee wegtrinken um dann, mir nichts, dir nichts, zu verschwinden. Und das Schlimmste daran: Ich war mit meiner Neugierde alleine gelassen.

Zu Hause angekommen, fuhr ich auf der alten Bundesstraße von Sickingen aus in Richtung Zaisenhausen. Mein inneres Ich sagte mir, dass Joachim selbst am heiligen Sonntag bestimmt schon wieder beim Buddeln war. Als ich rechts zum Gebiet des alten Schwefelbades abbog, sah ich auch schon einige Autos stehen. Die ganze Aufregung über Pro und Contra, Schwefelbad oder Recyclinganlage zog nun regelmäßig Schaulustige und Interessierte an.

Meine Kinder rannten zu ihrem Vater. Ich würde wohl die Einzige in der Familie bleiben, die sich nicht vom Ausgrabungsvirus anstecken ließ. Fachkundig erklärten sie mir Details der Ausgrabungsstelle. Selbst meine Jüngste gab sich mit ihren drei Jahren bereits als Vollprofi.

Joachim kam sichtlich genervt auf mich zu. „Die Leute zertrampeln mir noch alles. Dass sie nicht selber noch mit dem Spaten anrücken, ist ein Wunder. Ich hoffe, die Sachverständigen vom Denkmalamt kommen bald und riegeln hier alles ab." Flüchtig gab er mir einen Kuss.

Besorgt zog ich ihn etwas auf die Seite und meinte leise: „Glaubst du nicht dieses Mal etwas zu weit gegangen zu sein? Die Stimmung im Ort ist aufgeheizt genug. Könntest du mit deinen Ausgrabungen nicht noch etwas warten? Die Dinger sind schon so lange in der Erde, da kommt es auf ein paar Jahre mehr oder weniger doch nicht an."

Joachim stöhnte schmerzvoll auf. Mit weit aufgerissenen Augen sah er mich an. Im ersten Moment dachte ich, er sei verletzt und wollte ihn schon verarzten. Doch dann sagte er: „Andrea, du kennst doch meine Einstellung zur Archäologie. Bitte lass mich graben. Natürlich weiß ich selber, dass dies vielleicht ein ungünstiger Moment ist. Aber was ist, wenn das Projekt ‚Altes Zaisenhäuser Bad' gefördert wird? Dann muss alles schnell gehen und ehe man sich versieht, sind die Planierraupen und Bagger da. Dann ist wieder alles zu spät."

Genervt fuhr er sich mit der dreckigen Hand durch seine schwarzen Locken. An der Seite wurden sie schon etwas grau. Natürlich, das lag ganz alleine an mir und unseren drei Töchtern ... (Die selbstverständlich gar nicht nach ihm kamen. Wenn ich sie mir aber ansah, wie sie versuchten die Leute von der Ausgrabung fernzuhalten, bekam ich da so meine Zweifel.)

„Hallo Andrea", begrüßte mich eine Stimme hinter mir. Freudig drehte ich mich um, denn ich wusste, zu wem die Stimme gehörte. „Hallo Michael. Schaust du dir Joachims neuste Entdeckungen an?", fragte ich den Juniorchef des Weingutes von nebenan. Das Weingut Rettinger grenzte direkt an das Gelände des alten Schwefelbades und war das einzige bei uns im Ort.

„Ich muss mich doch auf dem Laufenden halten. Abgesehen davon, können wir heute bei dem Nieselregen eh nicht in den Sickinger Humst gehen um zu herbsten. Der Boden ist viel zu rutschig."

„Wie wird der Jahrgang, bist du zufrieden?", wollte ich neugierig wissen.

Michael lächelte und nickte. „Es wird ein vielversprechender Jahrgang. – Ah, der Herr Bürgermeister! – Entschuldige mich. Du kommst ja morgen wieder bedienen oder?", meinte Michael noch knapp und wartete erst gar nicht meine Antwort ab.

Ich wurde zum zweiten Mal an diesem Tag von einem Mann stehen gelassen. (Donnerwetter!) Das schien mir in letzter Zeit öfter zu passieren ... Da musste ich dringend etwas dagegen tun. Ich scheuchte meine Kinder zusammen, verfrachtete sie ins Auto und fuhr mit ihnen heim.

Die folgende Woche über zeigte sich der Herbst in seiner schönsten Pracht. Die Nächte waren kühl und feucht, die Tage sonnig und warm. Ein Bilderbuchherbst mit bunten Blättern und orangefarbenen Kürbissen. Überall gab es Neuen Wein und Zwiebelkuchen. Die letzten überreifen Zwetschgen wurden geerntet und zu köstlichen Kuchen verbacken. In den Weinbergen herrschte Hochbetrieb. Überall wuselte es von Leuten mit Rebscheren und von Buttenträgern. Die Vollernter summten durch die Rebreihen und zur Mittagszeit duftete es nach warmem Fleischkäse, Schweinebraten und heißen Würsten. Dann standen Tische zwischen den Rebzeilen und es wurde gevespert, der Wein vom letzten Jahr getrunken, gelacht und getratscht.

Auch im Weingut war viel los und ich arbeitete jeden Tag. Vor allem die Pforzheimer und Karlsruher zog es nun aufs Land zu uns, der Schlachtplatten, Zwiebelkuchen und des Neuen Weines wegen. Für den Abend hatte sich Landrat Ihle samt Gefolge, Bürgermeister und Gemeinderat angemeldet. Sie kamen nach Oberderdingen, um vor Ort das Für und Wider in Sachen Schwefelbad – Recyclinganlage zu begutachten und zu besprechen. Für das nachträgliche Stelldichein wurde die Winzerstube sogar mit Stoffservietten, gutem Besteck, je zwei Weingläsern und Wasserglas eingedeckt. Auf die Speisekarte kam ein badisches Schneckencremesüpple, Winzerbraten sowie badischer Rehrücken mit hausgemachten Spätzle. Zum Dessert ein Zwetschgenröster mit Gugelhupf und eine Weinschaumcreme vom Riesling. Als Weine nur Barrique und Auslesen. Dem Landrat sollte es an nichts fehlen.

Mangeln würde es nur an einer kompetenten Bedienung. Denn ich war dazu auserkoren, die hohen Herrschaften zu bedienen. Bei solchen Festivitäten, da verlor ich in der Regel meine innere Ruhe und zitterte beim Servieren wie Espenlaub. Die beste Kleidung für die Gäste wäre rotwein- und soßenresistent ...

Mein Mann war schwer gekränkt. Er hatte zwar dem Landrat seine Ausgrabungsstelle mitsamt den Funden zeigen dürfen, aber zum anschließenden Abendessen im Weingut war er nicht eingeladen worden. Aufgrund dieser „Missachtung seiner Person“, wie er das nannte, saß er schmollend auf der Couch: „Für was halten die Gemeinderäte sich? Als ob der Ort Bankrott ginge, wenn ich auch noch mitkäme. Die haben nur Angst, ich könnte den Landrat auf meine Seite ziehen. Diese Bauerntölpel!"

„Nun komm schon", meinte ich zuckersüß, „wenn du lieb bist, bringe ich dir auch was mit." Tröstend streichelte ich über seinen Kopf. Genau so, wie ich es bei unseren Kindern tat, wenn sie traurig waren. Als er aufstand und trotzig mit dem Fuß aufstampfte, weiter schimpfte, um dann schmollend in sein Gartenhäuschen zu verschwinden, sprach ich zu mir: „Andrea, du hast definitiv vier Kinder, und das größte davon ist heute besonders bockig."

3

Es gibt immer wieder Momente im Leben, in denen man sich wünscht, das Erlebte am nächsten Tag immer wieder auf ein Neues abrufen zu können – bevorzugt natürlich bei Hochzeiten, Geburtstagen und anderen erfreulichen Festlichkeiten. Manchmal aber auch, um etwas rekonstruieren zu können ...

Doch daran dachte ich an diesem Abend nicht. Zu sehr war ich damit beschäftigt, meine Nervosität zu verbergen. Dabei kannte ich fast jeden der Anwesenden, einige darunter von kleinauf. Weshalb hätte ich mich also unbedingt an alles erinnern sollen? Schließlich war die Hauptperson nicht George Clooney, sondern nur der Landrat. (Nichts gegen Landräte.) Der war von unten bis oben mit Lehm verschmiert, nachdem er in der Ausgrabungsstelle ausgerutscht war. Nun trug er eine Jeans meines Mannes; ein Umstand, der ihn mir näher stehend erscheinen ließ. Ich musste mich direkt beherrschen nicht allzu persönlich zu werden ... Es war schwer, keine Spitzen loszulassen oder alte Geschichten von den Gästen zu erzählen ...

Die Suppe war bereits serviert und im Gegensatz zu mir gab sich die Gesellschaft noch recht frostig. Daher schlug ich vor: „Da Sie nun hier Gast auf einem Weingut sind, wie wäre es mit einer kleinen Weinprobe? Passend zum Essen?"

Ein Fehler, wie ich am nächsten Tag feststellen sollte; doch in dieser momentanen Situation schien es mir das einzig Richtige. Unser Bürgermeister wurde kurz blass. Wahrscheinlich rechnete er schnell die Kosten des Essens mit einer zusätzlichen Weinprobe hoch. Doch der Herr Landrat war nicht abgeneigt und so blieb ihm nichts anderes übrig als zu hoffen, ich würde den Bogen nicht allzu sehr überspannen. Er kannte die Weinproben mit mir nur allzu gut. Also legte ich vorsichtig los. Schließlich wollte ich nicht, dass man sich noch Jahre später über mich irgendwelche Anekdötchen erzählte – ein frommer Wunsch, der schwer umzusetzen war. Vor allem, weil ich selber gar keinen Alkohol vertrage und zur Erheiterung der Gäste jedesmal rote Ohren bekomme.

Gekonnt schenkte ich den ersten Wein ein: einen Riesling. Fein in der Struktur, fruchtig, allerbeste Lage und weiß was ich noch alles.

„Das Wichtigste an diesem Wein", so fuhr ich in meinen Erklärungen fort, „ist, dass er auf badischem Boden im Sickinger Humst wächst. Was man selbstverständlich schmeckt."

Sofort hatte ich alle anwesenden Schwaben gegen mich. Ich spürte ihre glühenden Blicke auf meinem Körper. Ich würde es später mit einem guten im Barrique ausgebauten Samtrot wieder gutmachen.

Mit jedem Wein, den ich vorstellte, wurden meine Ohren röter und ich beschwingter. Ebenso die Gäste.

Mehrmals steckten andere Leute den Kopf ins Nebenzimmer um zu sehen, was für eine lustige Gesellschaft sich im Nebenzimmer befand. Die Einzige, die meine Weinprobe mit steinerner Miene verfolgte, war Gerlinde Neubauer. Ich kann es wirklich nicht mehr mit Sicherheit sagen, ich glaubte, sie nippte nicht ein einziges Mal an ihrem Weinglas. Meine Erläuterungen bezüglich eines „schönen Weines am Feierabend" quittierte sie mit einer spitzen Bemerkung. Da wir aber inzwischen bereits zum Rotwein übergegangen waren, befand ich mich schon in einem Zustand der absoluten Glückseligkeit, so dass diese Spitzen mir nichts ausmachten. Der Rotwein, übrigens ein vorzüglicher mundender von der schwäbischen Seite aus der Lage Derdinger Kupferhalde, veranlasste mich dann den Herrn Landrat davon zu überzeugen, dass nirgendwo sonst in Baden-Württemberg mit seinen Höhen und Tiefen so intensiv gelebt wurde wie bei uns in Oberderdingen.

Es war lange nach dem Dessert, als die Gruppe sich auflöste und in Richtung Heimat schwankte. Von dem Moment an, in dem ich in die kühle Herbstnacht hinaus trat, weiß ich rein gar nichts mehr. Die kühle Luft sorgte dafür, dass der Alkohol sich in mir mit voller Wirkung entfalten konnte. Ich schwebte wie ein Engelein nach Hause, schnarchte so gotterbärmlich, dass mein Mann aus unserem ehelichen Schlafgemach auszog. Doch von alledem (und was sich sonst vielleicht noch Düsteres in dieser Nacht ereignete) hatte ich nicht mehr den geringsten Schimmer.

Wie eine Schiffsirene drang Joachims Stimme in meinen Kopf vor. Ein Kopf, der definitiv keinem Engel gehörte. Selbst der Gott des Weines, Bacchus höchstpersönlich, hatte bestimmt noch nie solch einen Brummschädel wie ich an diesem Morgen. Meine Augen schienen mit Blei bestrichen zu sein. In meiner Kehle brannte es schlimmer als nach dem Verzehr einer Chilischote. Und was meine Nase betraf, die drohte bei diesen Ausdünstungen ihren Dienst zu versagen.

„Andrea, Liebes, aufstehen!" Joachim behauptete, er habe diese Worte liebevoll gesäuselt, aber in meinem Kopf klangen sie wie die Trompeten von Jericho.

Aus dem anfänglichen Säuseln wurde ein Orkan: „Ortspolizei, Pelzer mein Name. Frau Leuchte, ich muss Sie bitten aufzustehen. Ich muss Sie dringend sprechen."

Jede Faser meines Körpers schmerzte. Meine Gehirnzellen liefen Amok. Jeglicher Versuch, das Gehörte logisch einzuordnen, scheiterte.

Polizei? Was hatte ich verbrochen? War ich etwa betrunken nach Hause gefahren? Hatte ich jemanden überfahren? Oder war der Landrat nach meiner Weinprobe an Alkoholvergiftung gestorben?

Ganz entfernt hörte ich meinen Mann: „Gehen Sie doch bitte wieder ins Wohnzimmer. Oder noch besser in die Küche. Da steht frisch gekochter Kaffee. Schenken Sie sich doch bitte eine Tasse ein. Wir sind gleich unten. Versprochen."

Eine kalte Dusche soll ja angeblich Wunder wirken; an diesem Morgen aber nicht. Ununterbrochen fragte ich mich, was ich getan hatte? Warum half mir mein Mann nicht zur Flucht? Was würde aus meinen Kindern werden? Liebte mich Joachim nicht mehr? Gnadenlos zerrte er mich in die Küche. Wie ein Häufchen Elend stand ich nun in seinem Jogginganzug barfuß und mit nassen Haaren da.

„Guten Morgen, Frau Leuchte“, grüßte der Fremde in meiner Küche mit meiner Kaffeetasse in der Hand. Ich war mir nicht sicher, ob dies ein guter Morgen für mich werden würde.

Unbeirrt von meinem Zustand, sprach er weiter. „Entschuldigen Sie die Störung, aber ich habe ein paar wichtige Fragen an Sie. Wollen Sie sich nicht lieber hinsetzen? Ich denke, einen Kaffee könnten auch Sie vertragen.“

Wo war ich eigentlich? Was ging hier vor? Ein Polizist bot mir in meiner eigenen Küche einen Platz und eine Tasse Kaffee an. War ich also unschuldig – oder wollte er sich nur mein Vertrauen erschleichen, um mir im richtigen Moment die Handschellen anzulegen? Argwöhnisch nahm ich die Tasse Kaffee, welche mir Joachim eingeschenkt hatte, entgegen.

„Also gut“, fing ich mit gebrochener Stimme an, „was habe ich ausgefressen?“

Wie durch einen Nebelschleier schaute ich mir mein Gegenüber an. Nicht übel, mein Junge, dachte ich. Nur ist es hier die falsche Situation und ich bin leider verheiratet. Ansonsten ... durchaus nicht übel! Anfang 40, groß, schlank. Die gut gebauten Schultern schienen unabhängig von dieser grauenhaften Polizeiuniform zustande gekommen zu sein. Die Farbe seiner Augen konnte ich nicht identifizieren. Aber das lag an diesem Nebelschleier, nicht an ihm.

„Sie sind grün?“, meinte Pelzer sachlich.

„Was ist grün?“, wollte mein Mann verdutzt wissen.

„Meine Augen. Ihre Frau versucht das gerade festzustellen.“ Jetzt wäre noch eine kalte Dusche angesagt gewesen und ein Erdloch zum Verkriechen. Entweder mein Gegenüber konnte Gedanken lesen oder ich hatte die Koordination über meinen Körpers verloren.

„Entschuldigung“, hauchte ich. „Das war gestern wohl ein Blanc de Noir zu viel. Ein köstlicher Jahrgang übrigens. Schmelzig, fein buttrig. Erinnert an einen schönen, frisch duftenden Brioche. Von den anderen Weinen habe ich nur immer das Nötigste genippt. Wirklich. Ich kann ja schließlich keinen Wein vorstellen und nichts davon trinken. Was müssen die Gäste denken? Dass ich ihnen Sauerampfer aufschwätze.“

Eine magere Entschuldigung für meinen Zustand, ich weiß, aber es entsprach der vollen Wahrheit.

„Ich vertrage leider nichts. Auch wenn Sie mir das nicht glauben wollen. Normalerweise bin ich auch nicht betrunken wie heute Morgen“, fuhr ich in meiner Erklärung fort. Der Blick aus seinen angeblich grünen Augen zeigte mir, dass er mich nicht für zurechnungsfähig hielt. Vielleicht war er auch Biertrinker und hatte von den höheren Weihen des Trinkens keinen Schimmer. (Immerhin gibt es in unserer Gegend einige große Brauereien.)

Ich nahm einen großen Schluck Kaffee, entschuldigte mich kurz und verschwand nochmals ins Bad. Zehn

Minuten später kam ich ohne Mageninhalt, dafür frisch gekämmt, umgezogen und mit einem einigermaßen klaren Blick zurück. Ich wiederholte meine Entschuldigung und fügte hinzu: „Ich befürchte, entweder habe ich mehr getrunken als üblich, was ich nicht glaube, oder ich habe etwas Falsches getrunken." Eine Polizistin kam auf mich zu. „Wo kommt die denn jetzt her?", fragte ich mich.

„Das wollen wir nun am besten mal überprüfen. Yvonne Gerlach mein Name. Darf ich Sie bitten, in dieses nette Gerät zu pusten?", bat sie mich übertrieben höflich.

Erschrocken sah ich meinen Mann an. „Brauche ich jetzt einen Rechtsanwalt? Bin ich gestern etwa mit dem Auto gefahren?" Ängstlich flüchtete ich mich in die starken Arme meines Mannes. Seine Buddelei im Erdreich machte sich doch immer wieder bezahlt – solch muskulöse Arme bekam man nicht vor dem Fernseher ...

„Keine Angst, mein Schatz. Du bist wie immer zu Fuß gegangen. Wie du heimgeschwankt bist, weiß ich allerdings nicht", erklärte mir Joachim liebevoll. (Musste er dabei unbedingt lachen? Er weiß doch genau, wie peinlich mir das ist, wenn ich bereits nach einem Glas Wein beschwipst bin ...).

Zornig sah ich die Polizistin mit diesem verhassten Gerät in ihrer Hand an. „Warum muss ich denn da rein pusten, wenn ich nicht mit dem Auto gefahren bin?"

Verlegen drehte sie den Alkoholtester in ihrer Hand und meinte: „Zwingen kann ich Sie natürlich nicht. Aber es wäre interessant zu sehen, was Sie heute Nacht beziehungsweise gestern Abend getrunken haben."

Nun, da hatte sie Recht. Ich wusste es wirklich nicht. Den Kopfschmerzen nach war es der ganze Weinkeller gewesen. Zitternd nahm ich dieses Ding in die Hand und pustete hinein, bis ich blau anlief. Es schien ewig zu dauern, bis dieses dumme Ding endlich piepste und ich wieder Luft holen konnte.

„Kaffee! Ich brauche jetzt dringend einen Kaffee." Während ich das duftende Gebräu zu meinen Lippen führte, sah ich die beiden Polizisten kopfschüttelnd miteinander flüstern. Hatte ich etwa doch zu viel getrunken?

Endlich wandten sie sich mir zu. „Also entweder ist dieses Gerät kaputt oder Sie schaffen es mit einer einzigen Flasche Wein schon volltrunken zu sein."

Oh ja! Und wie ich das schaffte. Sichtlich erleichtert, doch noch nicht zu den mehr oder weniger anonymen Alkoholikern zu zählen, setzte ich mich hin und fragte: „Also gut, nachdem das geklärt ist, würden Sie mir bitte sagen, was passiert ist?"

Das Telefon hinderte die treuen Gesetzeshüter daran mich aufzuklären. Es war meine Freundin Emma, die mir aufgeregt etwas mitteilte, das mich vom Stuhl hochschnellen ließ. „Wer ist tot? – Wo? – Was? Im Weinkeller? Wahnsinn!" Fassungslos starrte ich die Polizisten an und fauchte instinktiv: „Sie glauben doch nicht etwa, dass es ein Mord war und ich etwas damit zu tun habe?"

Die Polizistin riss mir das Telefon aus der Hand und wollte wissen, wer am anderen Ende der Leitung war. Sofort quetschte sie Emma aus wie eine Zitrone. In der Zwischenzeit klärte ich meinen Mann über den plötzlichen

Tod seiner Erzfeindin auf: der Ortschaftsrätin Gerlinde Neubauer. Er nahm es achselzuckend auf und sah den Polizisten abwartend an. „Nun, sie ist tot. Und Sie sind hier. Was können wir für Sie tun?"

Ich hätte ihn dafür sofort würgen können. Ich sah schon die Gefängnistür hinter mir zuschlagen ... und mein Mann blieb kaltschnäuzig wie ein Hund. Woher hätte ich gestern Abend wissen sollen, dass ein Mord geschehen war?

„Glauben Sie mir Herr Pelzer, wenn ich eine Ahnung davon gehabt hätte, was für mordlustige Gäste wir hatten, hätte ich minutiös ein Protokoll mitgeschrieben und Bilder gemacht. Was erwarten Sie von mir? Ich hatte Gäste zu bedienen und eine Weinprobe abzuhalten. Denken Sie, als Bedienung sitzt man nur da und dreht Däumchen?"

Was bildete sich dieser arrogante Schnösel ein? Verächtlich zog er seine Augenbrauen hoch und wandte sich meinem Mann zu: „Wo waren Sie gestern Abend?"

„Was ist das denn für eine Frage?", dachte ich. Zuhause bei unseren Kindern war er. Was hatte mein Mann mit einem Mord zu tun? Zugegeben, er hatte eine Schwäche für Tote und ihre Gräber, aber die mussten ein Mindestalter von 1.000 Jahren aufweisen!

„Stopp! Stopp! Einen Moment mal. Könnte es sein, dass Sie uns jetzt gleich dazu raten einen Rechtsanwalt hinzuzuziehen oder so?", rief ich panisch. Ich kannte solche Situationen nur aus dem Fernsehen und fühlte mich fehl am Platz. „Irgendwie hab ich das Gefühl, Sie verdächtigen uns und ... und das kann nicht sein. Wir gehören grundsätzlich zu den Guten. Außerdem würde es mich doch nun endlich interessieren, warum ausgerechnet wir die Neubauer auf dem Gewissen haben sollten. Vorher sage ich nichts mehr und mein Mann auch nicht!"

Ich sah meinen Mann durchdringend an; er sollte wenigstens einmal in seinem Leben das tun, was ich für richtig hielt.

Mit hochrotem Kopf und der Ausstrahlung eines Luftballons, der kurz vorm Platzen war, sah mich der Polizist an. Wütend stemmte ich meine Hände in die Hüften und unterstrich meine Aussage mit giftigen Blicken. So langsam zeigte der Kaffee erste Wirkung und ich konnte klar denken. „Sie können uns ja aufs Polizeirevier zitieren oder, noch besser, gleich verhaften lassen ...", sagte ich ironisch. „So gehts jedenfalls nicht weiter. Wir haben niemanden umgebracht – und wenn Sie von mir etwas Brauchbares über den gestrigen Abend wissen wollen, dann kommen Sie heute Mittag wieder, nachdem ich mit meinem Anwalt gesprochen habe. Sie können es sich aussuchen, ob sie lieber durch die Haustüre oder durch die Terrassentüre gehen wollen. Ich empfehl' Ihnen letztere. Da kommen Sie an unserer lieben Nachbarin vorbei. Die platzt bestimmt vor Neugierde und wird Sie gerne über alles aufklären. Ihr entgeht nichts und es würde mich nicht wundern, wenn sie bereits wüsste, wer der Mörder ist."

Selbst erstaunt über mein energisches Verhalten, riss ich die Terrassentür auf und verwies die Beamten des Hauses.

Was unsere Nachbarin betraf, hatte ich in der Tat mich nicht getäuscht. Sie wartete hinter der Hecke. Keine fünf Minuten später verschwanden die Polizisten bei ihr im Haus.

„Einen Rechtsanwalt, wir brauchen einen Anwalt!"

Völlig kopflos flitzte ich durch den Flur auf der Suche nach dem Telefonbuch.

Joachim lehnte an der Küchentür und meinte in sich ruhend: „Es ist Sonntag, Schatz, da wirst du wohl kein Anwaltsbüro erreichen." Auch das noch.

Meine Kinder, die die ganze Zeit über regungslos am Küchentisch gesessen und dem Treiben in unserem Haus gelauscht hatten, standen nun vor mir ... und ihre Fragen sprudelten nur so aus ihnen heraus.

Joachim war im Gegensatz zu mir ganz Herr der Lage. „Ich glaube, Mama ruft die Oma an und bittet sie, mit euch vielleicht mal wieder in den Pforzheimer Tierpark zu gehen. Kommt, am besten ihr zieht euch gleich um."

Nun sah er mich durchdringend an und bat mich einmal das zu tun, was er sagte. Es soll keiner behaupten, dass wir uns nicht verstanden. Es war nur immer fraglich, ob wir auch das taten, was der jeweilig andere erwartete. In diesem Fall aber gehorchte ich.

Kurz schilderte ich meiner Mutter am Telefon, was sich bei uns in der letzten halben Stunde ereignet hatte. Was völlig unnötig war, denn irgendjemand aus unserer Nachbarschaft hatte sie schon informiert. Mein Vater war schon auf dem Weg, um uns abzuholen. Da waren wir wohl in unserer Straße der Gesprächsstoff des Tages.

Nachdem die Kinder mit Oma und Opa in Richtung Tierpark unterwegs waren, hielt mich nichts mehr im

Haus. Mit quietschenden Reifen fuhr ich zum Weingut. Insgeheim hoffte ich, alles würde sich als Irrtum herausstellen. Beim Anblick des Leichenwagens, der Polizeiautos und der vielen Leute schwand diese Hoffnung.

Langsam stieg ich aus meinem Auto aus. Ich hatte immer noch das Gefühl, das Ganze nicht richtig zu begreifen. Immer wieder fragte ich mich: „Was geschieht hier gerade?" Eigentlich wollte ich erst einmal ruhig stehen bleiben, meine Gedanken sortieren und dann meiner Neugierde nachgehen. Dazu bekam ich leider keine Möglichkeit mehr. Wie eine wild gewordene Furie stürzte aus der Menge der umherstehenden Personen eine mir wohlbekannte Frau auf mich zu. Mit weit aufgerissenen Augen, wild gestikulierend und einem Geschrei, lauter als eine Horde Kindergartenkinder, stand sie plötzlich mit ihren langen, zotteligen blonden Haaren vor mir.

„Wo ist der feige Hund? Wo hat er sich versteckt? Ich bring' ihn um!" Sie stürzte sich auf mich und versuchte mich zu würgen. Glücklicherweise bekam ich sie an ihren blonden Zotteln zu fassen und riss so kräftig ich nur konnte daran. Zwei Polizisten eilten mir sofort zu Hilfe und zogen die Furie von mir weg. „Aufhören, Frau Simon, aufhören! Das macht Ihre Mutter auch nicht lebendig."

Jemand nahm mich zur Seite und fragte nach meinem Befinden: „Alles in Ordnung?" Besorgt sah er mich an.

„Danke, es geht. Aber es wäre wohl besser, die Wahnsinnige da drüben sicherheitshalber wegzuschließen", antwortete ich. Ich griff an meine Kehle. „Luft", dachte ich und hustete.

„Was erlaubt sich die Simon, meinen Mann als Mörder zu beschimpfen. So eine durchgeknallte ..."

Von irgendwoher wurde mir ein Glas Wein gereicht. Ich nippte vorsichtig daran. Der Schluck (übrigens ein ganz vorzüglicher, kräftiger Schwarzriesling) tat meiner gequetschten Kehle gut.

„Dann sind Sie Frau Leuchte?", fragte mich der Unbekannte.

„Richtig", antwortete ich. „Wie schön zu wissen, dass ich bereits als die Frau eines Mörders gelte", seufzte ich. Der Mann lachte leicht auf.

„Nein, das bestimmt nicht, aber die Tochter der Toten behauptet, seit sie hier angekommen ist, ganz vehement, dass nur der, ich zitiere, ‚durchgeknallte Leuchte' der Mörder sein könne."

„Wie bitte, durchgeknallt? Jetzt reicht es! Erst die Polizei und dann noch diese blöde Kuh. Gerade die hat es nötig über andere herzuziehen. Und wer sind Sie überhaupt?", fauchte ich in meiner Not den Mann an.

„Oh, Entschuldigung. Ich bin Kommissar Blankenfels von der Kripo Karlsruhe", antwortete er mir höflich.

„Super, der Nächste, der mich bestimmt wieder auf meinen Alkoholkonsum der letzten Nacht festnageln würde", dachte ich und nahm einen weiteren Schluck.

„Ich wollte sowieso mit Ihnen sprechen", meinte er vorsichtig um sich schauend.

Klar – so blöd konnte ja auch nur ich sein. Der Mörder kehrt zum Schauplatz seines Verbrechens zurück ... Zum Glück konnte der Kommissar meine Gedanken nicht lesen und fuhr unbeirrt fort: „Es wird besser sein, wir gehen rein, denn ich glaube, diese Frau Simon beruhigt sich nicht so schnell. Eine Tote reicht für heute."

Seufzend stand ich auf. „Ich gehe davon aus, dass Sie gleich mit mir an den Schauplatz des gestrigen Abends gehen wollen?"

Ich wartete erst gar nicht seine Antwort ab und ging gleich in Richtung Nebenzimmer. Es war bereits aufgeräumt und peinlichst geputzt worden. Blutspuren oder Sonstiges würden sich hier nicht mehr finden lassen. Bei dem Gedanken an Blut fiel mir ein, dass ich noch gar nichts Bestimmtes über den Hergang wusste ...

„Ist es eigentlich möglich, dass Sie mich nun über den Mord aufklären wollen oder halten Sie es wie Ihre Kollegen und attackieren mich pausenlos?", wollte ich leicht aggressiv wissen. Angriff schien mir jetzt die beste Verteidigung zu sein. Widerstandslos würde ich mir sicherlich keine Handschellen anlegen lassen.

Überrascht sah mich Kurt Blankenfels an. „Meine Kollegen?", wollte er erstaunt wissen.

„Ja, die netten Polizisten, die mich heute Morgen aus dem Bett gerissen, mich einem Alkoholtest unterzogen und am liebsten meinen Mann und mich sofort verhaftet hätten. Da habe ich sie aber dann doch des Hauses verwiesen." Skeptisch wartete ich seine Reaktion ab.

„Das tut mir leid. Da hat die örtliche Polizei wohl etwas überreagiert. Kein Wunder, bei dem Volksauflauf, der hier stattfindet. Zum Verhören bin ich da. Die Polizei sollte Sie lediglich aufsuchen und darüber benachrichtigen, dass Sie sich bitte für mich bereithalten sollen." Höflich bot er mir einen Stuhl an, bestellte bei meinem Chef einen Kaffee und setzte sich mir gegenüber.

Eine Stunde später war ich etwas schlauer und verstand doch so einiges nicht. Der Kommissar hatte sich als nett und kooperativ herausgestellt.

„Momentan sehe ich Ihren Mann oder Sie, wie all die anderen Personen von gestern Abend, als eventuell verdächtig, aber nicht als Mörder an", behauptete er mit einem gewinnbringenden Lächeln.

Seine Aussage beruhigte mich zwar nicht unbedingt, aber es war ein Anfang. Der Anfang vom Ende, wie mir schien.

Ich fuhr nicht direkt nach Hause. Ich brauchte dringend einen besseren Überblick. Also wieder hinauf aufs Derdinger Horn. Vielleicht würde mir ja der Blick auf unseren wunderschönen, bis gestern ach so friedlichen Ort helfen, das Geschehene zu begreifen und einen Weg zu finden, die Unschuld meines Mannes zu beweisen.

4

Als ich zur Mittagszeit nach Hause kam, stand schon wieder ein Polizeiauto vor unserer Haustür. Was würden die Leute nur wieder denken? Genervt ging ich durch den Garten auf unser Haus zu. Aus dem Gartenhäuschen drangen aufgebrachte Stimmen.

Als ich darauf zuging, hörte ich meinen Mann schreien. „Wann begreifen Sie es endlich? Ich drohte, ihr den Hals umzudrehen. Und? Ist sie erwürgt worden?"

„Nein", ließ sich eine andere Stimme enttäuscht vernehmen.

„Also, kann ich es logischerweise nicht gewesen sein. Außerdem habe ich das nur so daher gesagt, weil sie mich wieder bis aufs Blut gereizt hatte, mit ihrer ekelhaften Arroganz und Besserwisserei."

Ich öffnete leise die Tür. Vorsichtig schaute ich hinein und sah einen Polizisten sowie den Kommissar bei meinem Mann stehen. „Hallo Herr Blankenfels, ich hatte gehofft mein Mann hört auf mich und sagt ohne einen Anwalt nichts. Da Sie leider aus der Stadt kommen, können Sie das ganze Geschehen hier bestimmt nicht verstehen. All das Gerede im Ort. Die penetrante Einmischung der Toten in Angelegenheiten, die sie nichts angingen oder von denen sie keine Ahnung hatte. Das konnte den ruhigsten Zeitgenossen zum Wahnsinn treiben", sagte ich ausgesprochen energisch.

Meinen Mann durchbohrte ich mit bösen Blicken. Wie konnte er nur zugeben, Gerlinde Neubauer gedroht zu haben? Oh, er war einfach zu gutgläubig für diese Welt. Ich sah ihn schon hinter Gittern.

„Die Polizei war heute Morgen bereits bei unserer Nachbarin. Die weiß und sieht doch immer alles, was bei uns in der Straße vorgeht. Die kann Ihnen bestimmt sagen, wann ich aus dem Haus gegangen und wieder heimgekommen bin. Beziehungsweise, dass mein Mann das Haus nicht verlassen hat", fuhr ich aufgebracht fort. Siegessicher sah ich Blankenfels dabei an.

Doch dieser schüttelte nur den Kopf. „Ihre Nachbarin behauptet, gestern Abend eine Schlaftablette genommen und nichts mitbekommen zu haben."

„Das darf doch nicht war sein", dachte ich und schlug mir die Hände vors Gesicht. „Das glaube ich nicht. Der entgeht doch sonst nichts!", entgegnete ich wütend.

Kurt Blankenfels hingegen meinte gleichgültig: „Das mag sein, doch ich kann Ihre Nachbarin zu keiner Aussage zwingen. Im Moment zumindest nicht. Also gut. Es bleibt mir dann nur noch eins: Sie zu bitten, nicht gerade auf eine Weltreise zu gehen, Herr Leuchte."

Zu mir gewandt, sagte Blankenfels scheinheilig: „Wenn ich denn Schwierigkeiten mit dem Dorfleben habe, wie Sie es glauben, darf ich mich doch an Sie wenden oder nicht?" Der Mann war gut. Eins zu null für ihn.

Getroffen drehte ich mich um und ging. Das war zwar sehr unhöflich und bestimmt auch unklug, mich einem ermittelnden Beamten gegenüber so zu verhalten, doch ich war sauer. Geschlagen mit den eigenen Waffen. Welche Frau mag das schon ...

Aus dem Augenwinkel sah ich, wie die Gardinen im Nachbarhaus wackelten und das war sicher noch das Geringste, was uns in nächster Zeit bevorstehen würde, sollte Blankenfels noch öfters bei uns auftauchen.

Ich brauchte dringend eine große Tasse Kaffee – und meine Freundin Emma, mit der ich alles bereden konnte. Sie schien schon sehnsüchtig darauf gewartet zu haben. „Erzähl schon", wollte sie wissen, bevor sie überhaupt im Haus war. „Stimmt es, dass man die Neubauer mit durchschnittener Kehle und einem Totenschädel in der Hand gefunden hat?" Ihre Augen blitzten sensationslustig.

„Wie bitte? Wo hast du denn diesen Quatsch her?", fragte ich schockiert.

„Vom Bäcker. Dort hieß es, man hätte deinen Mann wegen Mordes verhaftet." Sie sah mich an wie ein Hund, der einen großen Knochen bekam.

„Um Himmels willen! Nein, Emma. Sie lag tot, ohne irgendwelche ersichtlichen Fremdeinwirkungen auf dem Boden im alten Weinkeller. Erstickt. Sie hatte wohl versucht, ihre Handtasche unter einem Barriquefass hervorzuziehen. Etwas, was man gerade dann, wenn der Wein gärt, nicht tun sollte. Ich hätte da eher an einen Unfall beim Herumschnüffeln gedacht. Da aber Herr Rettinger dem Arzt erzählt hatte, die Tür vom Weinkeller sei von außen verschlossen und das Belüftungssystem des Kellers eigenartiger Weise ausgeschaltet gewesen, hat der Arzt die Polizei angerufen. Die waren sofort der Ansicht, dass es sich um ein Gewaltverbrechen handeln müsse. Kein Wunder, wie ihre Tochter ausgeflippt ist! Hat sie doch sofort Joachim des Mordes beschuldigt. Kannst du dir das vorstellen?", fragte ich Emma aufgewühlt. Ich schüttelte den Kopf und sah durchs Küchenfenster zum Gartenhäuschen, in dem Joachim saß.

„Du weißt doch, wie die Simons drauf ist", meinte Emma tröstend. „Den Bürgermeister hat sie auch beschuldigt, habe ich gehört. Ja, sogar den Pfarrer, weil der ihre Mutter doch auch schon zum Teufel gewünscht hat. Komm, es wird nichts so heiß gegessen wie es gekocht wird. Natürlich gibt es erst einmal einen riesen Klatsch und Tratsch. Wart nur ab, jeder wird nun ins Weingut essen gehen, um den Tatort aus nächster Nähe zu betrachten; aber spätestens, wenn die liebe Gerlinde unter der Erde ist, wird sich alles wieder beruhigt haben." Emma lächelte mir aufmunternd zu, doch sie schien selber nicht so recht daran zu glauben.

„Der Kommissar hat mich gebeten, Notizen über den gestrigen Abend zu machen. Das Problem ist, ich weiß nicht, was ich getan habe. Dabei habe ich doch gar nicht viel getrunken! Abgesehen davon, wer rechnet schon mit einem Mord und merkt sich deswegen alles? Du warst doch auch dort. Vielleicht kannst du mir auf die Sprünge helfen?", bat ich Emma.

Ich holte Block und Kuli aus der Küchenschublade und setzte mich hoffnungsfroh zu Emma an den Küchentisch.

„Ach, ich weiß nicht. Es waren keine fünf Minuten, die ich da war. Das hast du doch nicht dem Blankenfels erzählt?“, fragte sie mich hektisch.

„Nö, wieso auch. Aber wieso zickst du so ’rum? Du hast sie doch nicht etwa auf dem Gewissen?“, fragte ich. Eigentlich sollte das ein Scherz sein, aber Emma schien sich über meine Bemerkung eher zu ärgern. Nur ungern und nach langem Zögern half sie mir, die kurze Zeit ihres Besuches im Weingut zu rekonstruieren.

Im Verlauf des Tages fiel mir immer mehr ein, das Puzzle fügte sich langsam zusammen. Allerdings fehlte hier und da noch ein Teilchen und meine Aufzeichnung glich eher einem Schweizer Käse.

Joachim war mir keine Hilfe. Er blieb die ganze Zeit schweigsam. Nicht so unser Telefon. Pausenlos klingelte es und immer wollte jemand etwas über die angebliche Festnahme meines Mannes wissen. Einmal wurde mir sogar mit verstellter Stimme gedroht, der Polizei etwas über die Teilnehmer des Abendessens im Weingut zu erzählen. Ein anderer Anrufer beschuldigte Gäste des Essens als Täter. Ein Dritter wollte schließlich beobachtet haben, wie der Kämmerer Weinflaschen hatte mitgehen lassen. Da musste ich ihn aber enttäuschen, er hatte sie redlich bei mir bezahlt.

An so viel konnte ich mich gerade noch erinnern. Als dann noch die Freundin der Simons anrief und meinen Mann durchs Telefon aufs Übelste beschimpfte, zog ich endlich den Stecker.

5

Am nächsten Morgen stand es fett gedruckt auf der ersten Seite der Regionalzeitung: „Mord im Weinkeller. Viele Verdächtige. Die Polizei verfolgt jede Spur, noch keine Festnahmen."

„Na, zumindest standen da keine Namen." Erleichtert zog ich mir meine Jacke an und ging zum Bäcker. Als ich die Bäckerei betrat, kühlte die gefühlte Raumtemperatur merklich ab. Das Gemurmel der Frauen verstummt sofort. Das Fallen der berühmten Stecknadel machte sich breit. Die Verkäuferin sprach nur das Nötigste. Einen schönen Tag wünschte sie mir nicht. So viel zu der wagen Hoffnung, wir wären vielleicht aus dem Schneider ...

Emma sollte Recht behalten. Im Weingut standen die Leute Schlange, um einen Tisch zu ergattern. Herr Rettinger rief mich mehrmals an und bat mich zu kommen. Es würde jede helfende Hand gebraucht. Das glaubte ich ihm gerne, doch ich fühlte mich nicht in der Lage, den Dorftratsch auch noch dadurch zu nähren, indem ich die Leute bediente.

Immer wieder zog es mich zu meinen Notizen. Stundenlang grübelte ich darüber. Feinde hatte Gerlinde genug. Wahrscheinlich wär's für mich viel einfacher eine Liste aufzustellen, wer sie gemocht hatte. Die beste Gelegenheit für mich würde ihre Beerdigung am nächsten Tag sein.

Diesen Gedanken schien auch Blankenfels zu haben. Als ich in die Leichenhalle kam, saß er bereits zurückgezogen in einer Ecke und beobachtete die Trauergesellschaft. Er nickte mir kurz zu und versank wieder in seine Notizen. Meine Großmutter pflegte zu sagen: „Nirgends wird so viel gelogen wie am Telefon und auf Beerdigungen." Da hatte sie, zumindest heute, Recht.

Ich denke, der einzig Ehrliche an diesem Tag war mein Mann. Er hatte sich standhaft geweigert, auf die Beerdigung mitzugehen. „Ich habe ihr mehr als einmal die Pest an den Hals gewünscht, weshalb sollte ich nun traurig sein, dass es sie nicht mehr gibt? Ich werde mich nicht unter all diese scheinheiligen Heuchler begeben."

Nun stand ich alleine da. Einsam zwischen all den anderen aus dem Ort. Ich war mir sicher, dass die wenigsten wegen der Toten gekommen waren. Sie heuchelten alle Beileid und hatten doch nur Angst um ihr Ansehen.

Ich zog es vor, mich unsichtbar zu machen. Man hatte gesehen, dass ich da war. Das genügte. Auf ein Zusammentreffen mit der Tochter der Toten hatte ich weiß Gott kein Interesse. Es reichte, wenn ich ihre blonden Fransen von hinten sah.

Unser Bürgermeister machte auch keinen glücklichen Eindruck. War er auch auf die Liste der Verdächtigen geraten? Es muss sich außer mir noch jemand daran erinnert haben, dass er über einen längeren Zeitraum von der Weinprobe ferngeblieben war. Leider konnte sich keiner weder an den Grund seines Fernbleibens noch an die Uhrzeit erinnern. Als der Kommissar ihn darauf angesprochen hatte, verweigerte er die Aussage.

Ob Gerlinde da schon tot war oder noch auf dem Weingut herumgeschnüffelt hatte? Dieser „Kontrollgang" war ihr wichtiger gewesen als meiner Weinprobe beizuwohnen. Tja, in diesem Falle hätte ihr der Alkohol vielleicht das Leben gerettet ...

„Oh, sieh mal, sogar der Landrat kommt!" Meine Freundin stupfte mich von der Seite an. Zumindest eine Seele, die mir treu geblieben war.

„Vielleicht hat er Angst auch in irgendeinen Verdacht zu geraten, wenn er nicht kommt", flüsterte ich.

„Oder er will sichergehen, dass die alte Hexe wirklich unter die Erde kommt", echote Emma.

Was mehr als verständlich gewesen wäre. Die Simons hatte eine regelrechte Hetzkampagne gegen alle und jeden, die an diesem Abend im Weingut gewesen waren, angezettelt. Ich war mir hundertprozentig sicher, auf sie würde noch eine große Flut an Verleumdungsklagen kommen, wenn der Mörder erst feststand.

Einen vermisste ich allerdings noch. Mein alter Schulkamerad Bernd fehlte. Ich konnte ihn nirgends entdecken. Genauso wie Joachim hatte er nichts mehr zu verlieren. Bernd stand ebenfalls ganz oben auf der Liste. Ich konnte mich gut daran erinnern, wie er so seine Erfahrungen mit Gerlinde gemacht und dank ihr seinen Arbeitsplatz auf der Gemeinde verloren hatte.

„Bernd scheint Rückgrat zu haben. Ich sehe ihn nirgends“, flüsterte ich Emma zu.

„Das ist allerdings ganz schön unklug von ihm. Es gibt einige im Ort, die ihn für den Mörder halten“, meinte sie leise.

„Wieso?“, wollte ich erstaunt wissen.

Verdutzt sah mich Emma an und flüsterte: „Ja, er hatte doch am selben Abend Streit mit Gerlinde und drohte ebenso wie Joachim, sie ein für allemal all das büßen zu lassen, was sie den Leuten antat! Auch behauptet irgendjemand, er habe ihn an der Lüftung und an der Kellertür gesehen.“

„Aber er arbeitet ja schließlich auf dem Weingut“, erwiderte ich ungläubig. „Nein, wenn es einen Mörder gibt, dann nicht Bernd. Vielleicht war es sogar ihre Tochter. Kein normaler Mensch flennt so wie die da vorne. Und wie sie alle beschuldigt. Man könnte meinen, sie wolle von sich ablenken.“

„Ich denke eher, sie will davon ablenken, wie verhasst ihre Mutter im Grunde genommen war. Es hat sich nur keiner getraut, das offen auszusprechen“, meinte Emma kühl.

„Warum eigentlich?“, fragte ich sie. Emma zuckte mit den Schultern.

„Meine Damen, es ist zwar sehr interessant, was Sie da reden und ich würde gerne mithalten, aber haben wir doch etwas Respekt vor der Toten. Lassen Sie uns dem Herrn Pfarrer lauschen“, raunte eine männliche Stimme hinter uns.

Als ich mich erschrocken umdrehte, sah ich in das grinsende Gesicht von Blankenfels. Was für ein scheinheiliger Kerl! Hatte er sich doch hinter Emma und mich geschlichen. Sicher hatte er alles mit angehört.

So lauschten wir also Pfarrer Treulich und den vielen Grabreden, in denen die Tote bereits in den Himmel gehoben wurde und die alle mit dem Satz endeten „ ... und wir werden sie nie vergessen“. Oh, ja, dessen war ich mir sicher.

Während der Reden beobachtete ich die Trauergemeinschaft. In der ersten Reihe wurde um die Wette geheult; in der zweiten war man schon etwas zurückhaltender und ab der dritten wurde regelmäßig auf die Uhr geschaut. Ab morgen würde man hinter vorgehaltener Hand kein gutes Haar mehr an der Verstorbenen lassen; sobald ein Mörder gefunden war, würde man das auch öffentlich tun.

Am Grab konnte ich den Anwesenden in die Gesichter schauen. Da war der Nachbar von Gerlinde. Sie hatte ihm das Leben zur Hölle gemacht. Er konnte nichts auf seinem eigenen Grundstück tun, ohne dass sie etwas Verbotenes daran fand. Kein Grillen mit Freunden, ohne dass sie die Polizei wegen angeblicher Lärmbelästigung gerufen hätte. Kein Bauverbot, das sie trotz vorhandener Baugenehmigung erwirkte. Sie kontrollierte sogar den Inhalt seiner Recyclingtonne, in der Hoffnung, ihn bei einem Vergehen überführen zu können. Eigentlich, so dachte ich, müsste er auch auf die Liste der Tatverdächtigen.

Dann die Dorfschullehrerin. Was hat sie sich nicht alles anhören müssen, als sie es wagte, Gerlindes Enkelin wegen Mobbings des Unterrichts zu verweisen.

Als Gerlinde auch vor Gericht nicht Recht bekam – schließlich war ihre Enkeltochter ein kleiner Satansbraten –, hatte sie die Presse auf die Lehrerin gehetzt. Gerlinde musste sich später öffentlich dafür entschuldigen, aber das war keine Wiedergutmachung für das, was die Lehrerin des Zeitungsartikels wegen hatte durchmachen müssen.

Ja, selbst unser Pfarrer konnte nun erleichtert sein. Schließlich würde Gerlinde nun keine Briefe mehr nach Freiburg zum Bischof schreiben und um eine Versetzung unseres „unfähigen" Pfarrers bitten. Seine Predigten würde sie nun nicht mehr auseinandernehmen und infrage stellen können. Dass es ihr Enkel war, den der Pfarrer bei einem Einbruch in die Sakristei erwischt hatte, erwähnte sie in ihren Briefen nach Freiburg natürlich nicht. Selbstverständlich hatte sie erwartet, dass der Pfarrer in diesem Falle Gnade vor Recht ergehen lassen und das verlorene Schaf, sprich den Enkel, ungeschoren davon kommen lassen würde.

Als das an die Öffentlichkeit kam, hatte Gerlinde der Zeitung unter Androhung einer Anzeige verboten darüber zu berichten. Ob es wohl ihr Anwalt war, der da in diesem schicken schwarzen Anzug neben der Tochter stand? Wenn ja, so trug er wahrscheinlich gerade seine beste Kundin zu Grabe. Doch wie ich ihre Tochter kannte, würde die bestimmt in ihre Fußstapfen treten. Da lebte ich nun von klein auf in diesem netten Örtchen und war immer davon überzeugt gewesen, dass es hier, von wenigen Ausnahmen abgesehen, friedlich ist, dass nichts Aufregendes passiert – und nun reichte diese Beerdigung aus, dass mir ein kalter Schauer über den Rücken lief.

Neben dem Grab lagen wunderschöne Kränze. Ja, wie war es eigentlich mit dem Gärtner? Naheliegende Frage. Hatte ihm Gerlinde nicht grundsätzlich Steine in den Weg gelegt, wenn er seinen Betrieb erweitern wollte oder wenn es um die Vergabe von Aufträgen der Gemeinde an ihn ging? Immerhin verdiente er nun ein bisschen was an ihrem Tod.

Drüben unter der Linde beim Grab des großen Kraichgau-Historikers Leopold Feigenbutz stand der alte Herr Reichard. Er liebte seine Pudel über alles. Wie oft hatte sie ihn angezeigt und ihm das Tierheim auf den Hals gehetzt! Einmal hatte sie ihm sogar eigenhändig die Pudel weggenommen. Allerdings ohne Erfolg. Den Tieren ging es bei Herrn Reichard gut und sie hingen an ihm. Jeder seiner Blicke verriet, wie sehr er sie gehasst hatte. „Angst um seine geliebten Kinderchen", könnte hier das Motiv heißen.

Neben ihm stand völlig regungslos die alte Frau Rettinger vom Weingut. Ob *sie* glücklich über Gerlindes Ableben war? Gemocht hatten sie sich bestimmt nicht; und nun, durch ihr Ableben im Weinkeller, bescherte Gerlinde dem Weingut gar unnötige Scherereien. Aber als Mörderin konnte ich mir die alte Dame wirklich nicht vorstellen.

Der dumpfe Klang einer Hand voll Erde, die auf einen Sarg fällt, schreckte mich aus meinen Gedanken hoch. Unser Boden, der lehmhaltig und schwer ist, erzeugte beim Aufprall einen dumpfen Klang. Das treibt mir bei jeder Beerdigung einen Schauer über den Rücken.

Die Reihe der Anverwandten war nicht lang. Einen offiziellen Vater für ihre vier Kinder hatte Gerlinde nie angegeben. Etwas, worin ihr ihre drei Töchter in nichts nachstanden. Komisch. Warum mir das erst jetzt auffällt? Wie kann es eigentlich sein, dass in einem so kleinen Ort so jemand in den Ortschaftsrat kommt? Nun, ich sollte vielleicht das nächste Mal auch zur Gemeinderatswahl gehen, um meine Stimme abzugeben ...

Mein Blick fiel auf den Sohn der Toten. Während die Töchter unzählige Tränen vergossen und beinahe wie Schakale heulten, schien er gefasst. Er war ja auch nie Mamis Liebling gewesen. Seinen Lebensunterhalt verdiente er sich stundenweise, mehr schlecht wie recht, als Gipser. Der Alkohol machte ihm zu schaffen. Nicht gerade ein Vorzeigesohn. Von der Mutter vernachlässigt, wäre er nicht der erste, der zum Muttermörder taugte.

„Was würde ich für ihre Gedanken geben?", flüsterte mir eine inzwischen bekannte Stimme ins Ohr.

„Die sind unbezahlbar. Wie wäre es im Anschluss an die Beerdigung mit einem Kaffee bei mir? Sie holen doch bestimmt was Süßes beim Bäcker, Herr Blankenfels?", säuselte ich zurück.

Wenn schon der ganze Ort über seine Besuche bei mir ratschte, musste es sich doch mindestens lohnen.

„Einverstanden", klang es hinter mir.

Und meine Freundin sah mich erstaunt an.

„Wenn ich Joachims Unschuld beweisen will, sollte ich vielleicht lieber mit ihm zusammenarbeiten. Meinst du nicht?", gab ich ihr leise zu verstehen.

Interessanterweise hatte niemand das Bedürfnis am Grab Abschied von Gerlinde zu nehmen und so leerte sich der Friedhof recht schnell.

Keine zehn Minuten später duftete es in meiner Küche nach frischem Kaffee. An der Tür klingelte bereits Blankenfels mit dem Gebäck. „Ganz frisch, hat man mir in der Bäckerei versichert." Genüsslich schnupperte er, als er die Schneckennudeln auspackte.

„Mmh, die sehen vielleicht lecker aus. Das ist das Schöne, wenn man noch die Möglichkeit hat in einer kleinen Familienbäckerei einzukaufen und nicht, wie in der Stadt, in einer dieser Industriebäckereien", bemerkte ich und goss jedem eine große Tasse Kaffee ein.

„Wie kommen Sie eigentlich darauf, dass es ein Mord war?", fragte ich Blankenfels. „Es könnte doch ebenso ein Unfall gewesen sein. Mir ist auch schon oft meine Tasche runtergefallen und ich bin deswegen auf den Knien durch die Gegend gerutscht."

Blankenfels lächelte: „Ich habe nie behauptet, dass es Mord war."

Verdutzt sahen Emma und ich uns an. „Wie bitte? Sie sind sich gar nicht sicher? Wieso dann das ganze Getue? Ist Ihnen klar, dass ich durch die Beschuldigung gegenüber meinem Mann hier im Ort durch die Hölle gehe? – Ich glaube es nicht, Sie ziehen nur in Erwägung, dass es ein Mord gewesen sein könnte? Wollen Sie das bitte auch den Tratschweibern erzählen?", rief ich entsetzt aus.

Blankenfels beugte sich über den Tisch und sah mir tief in die Augen. Mein Magen klumpte sich zusammen und alle jemals von mir begangenen Schandtaten kamen mir in den Sinn. Ich hatte das Gefühl auf einer Anklagebank zu sitzen.

„Wir gehen, vorausgesetzt dem Toten oder der Toten wurde nicht die Kehle durchgeschnitten, immer von allem aus. Es sei denn, derjenige ist friedlich in seinem Bett eingeschlafen und der Arzt stellt einen sauberen Totenschein aus. Wenn wir aber, wie in diesem Falle, eine Tote an einem eher ungewöhnlichen Ort vorfinden, ermitteln wir von Herzschlag über Totschlag bis Mord – in alle Richtungen." Langsam lehnte er sich wieder nach hinten und mein Herz schlug wieder normal. „Natürlich müssen wir nach den Anschuldigungen durch die Tochter der Toten gegenüber Ihrem Mann auch in diese Richtung ermitteln. Solange wir ihn aber nicht in U-Haft nehmen, brauchen Sie keine Angst zu haben", erklärte er mir mit einem Lächeln.

„Wie mich das beruhigt. Nämlich ganz und gar nicht!", schoss es mir durch den Kopf.

Gar nichts brodelt so heftig wie die Gerüchteküche in einem kleinen Ort. Und natürlich köchelten wir zusammen mit Blankenfels in eben dieser. Wir zerrissen uns ebenfalls über alles und jeden das Maul. Und Blankenfels machte sich eifrig Notizen.

„Wahnsinn, wenn man in der Stadt wohnt, da scheint man ja so einiges zu verpassen", meinte Blankenfels.

In meinem Kopf drehte sich alles. Gab es überhaupt jemanden, der kein Motiv hatte Gerlinde umzubringen? Ich stöhnte auf und sprach unfreiwillig meine Gedanken laut aus: „Ich glaube, mir bleibt nicht anderes übrig als

Miss Marpel zu spielen um herauszufinden, ob es tatsächlich Mord war."

„Bravo!", rief Emma, „und morgen besorge ich dir gleich das passende Strickzeug dazu ..."

„Strickzeug?", fragte Blankenfels irritiert.

„Nun, weil Miss Marpel doch immer strickt. Ich sehe es bereits vor meinem geistigen Auge, wie du handarbeitend auf Verbrecherjagd gehst."

Die Schneckennudeln waren aufgegessen und Blankenfels stellte fest, er wisse nun wohl alle Geschichten. Emma nutzte die Chance und ließ sich von ihm nach Hause bringen. Sie liebte es (im Gegensatz zu mir), den Dorfklatsch zu nähren.

Ich machte mich daran, die Tassen in die Geschirrspülmaschine zu stellen, als es an der Terrassentür klopfte.

„Hallo, Frau Leuchte. Sind Sie da?"

Natürlich war ich da, stünde ansonsten die Terrassentür offen? „Hier in der Küche!", rief ich nervös zurück, denn ich ahnte, wer es war.

„Entschuldigen Sie, ich habe gerade festgestellt, dass ich keinen Zucker zuhause habe und da dachte ich mir, ich gehe schnell zu meiner netten Nachbarin und borge mir welchen." Die Frau von gegenüber streckte mir ihre Zuckerdose entgegen. „Ich habe gerade Besuch und kann keinen Zucker anbieten, das ist mir furchtbar peinlich", meinte sie und setzte sich auf meinen Küchenstuhl.

„Bloß nicht", dachte ich, „ich habe gar keine Lust auf dieses Frage-Antwort-Spiel, das nun folgen wird." Schnell füllte ich ihre Zuckerdose und gab sie ihr hastig zurück.

„Schade, dass Sie gerade Besuch haben, ich hätte so gerne mit Ihnen ein kleines Schwätzchen gehalten. Aber wir wollen Ihren Besuch nicht warten lassen", meinte ich scheinheilig. Betont freundlich zog ich ihr den Stuhl unterm Hintern weg und schob sie in Richtung Haustüre. Ich bot ihr keine Möglichkeit, auch nur die kleinste Frage zu stellen. Sollte sie doch vor Neugierde platzen.

Unruhig wälzte ich mich in der Nacht im Bett hin und her. Die Ereignisse der letzten Tage ließen mir keine Ruhe. Das Gift der üblen Nachrede, es wirkte schon. Die Leute redeten über uns. Warum hatten sich alle auf Joachim als Mörder eingeschossen? Er schien tief und fest zu schlafen. Ob ich ihn wecken sollte? Langsam rutschte ich zu ihm hinüber. Ganz vorsichtig. Noch ein Stück und ... da war das Bett zu Ende. Hektisch griff ich nach der Nachttischlampe. Blitzschnell saß ich kerzengerade im Bett und starrte fassungslos um mich. Wo war mein Mann?

Im Bad lag sein Schlafanzug. Also war er aufgestanden, als ich schlief, und hatte sich angezogen. Gähnend ging ich nach unten. Niemand zu sehen. Alles war dunkel, die Türen verschlossen. Im Schein des Mondlichts tappte ich zum Gartenhaus. Leer.

„Also, wenn Sie ihren Mann suchen ..." Wie vom Blitz getroffen, blieb ich stehen. Unsere Nachbarin.

„Frau Braun, Sie haben mich aber erschreckt!", rang ich nach Luft.

„Oh, dass tut mir leid. Nicht, dass Sie denken ich bin hier, um Ihrem Mann hinterherzuschnüffeln; Daisy musste dringend vor die Türe und ist einfach nicht wieder zum Reingehen zu bewegen.“, antwortete sie und verwies auf ihren Hund, den sie im Arm hielt.

Nun, ich fand ja, dass der Kleine, den sie auf dem Arm hatte, bereits schlief, aber vielleicht fehlte mir für Schoßhunde das nötige veterinäre Verständnis.

Wenn Joachim nicht im Gartenhäuschen war, wo war er dann? Ich ging zur Garage. Den Rest des Weges konnte ich mir allerdings ersparen, da Frau Braun mir sogleich nachrief: „Also, nach dem Auto brauchen Sie nicht zu schauen, damit ist Ihr Mann weggefahren. Ich war gerade, rein zufällig, auf der Toilette und habe es mitbekommen.“ Sie hatte ihre Ohren und Augen überall.

Es gab zwei Möglichkeiten: Erstens, ich machte mich zu Fuß auf die Suche nach Joachim. Dann wären allerdings die Kinder alleine und die Braun hätte morgen früh noch mehr zu erzählen. Außerdem wusste ich nicht, wo ich mit der Suche anfangen sollte. Also entschied ich mich für die zweite Möglichkeit: „Gute Nacht. Dann geh ich mal wieder ins Bett. Ich hoffe, Ihr Hund lässt Sie nun auch noch etwas schlafen.“

Ich vermied es, die Nachttischlampe anzuschalten, denn ich war mir sicher, dass Frau Braun noch immer unser Grundstück beobachtete. Zudem wollte ich nicht die verzweifelte Ehefrau zum Besten geben. Und doch geschah es, dass ich gegen meinen Willen schnell einschlief.

Ich muss sagen, ich hatte unerwartet gut geschlafen, weswegen ich Joachims Rückkehr gar nicht bemerkt habe. Nun lag er ruhig neben mir im Bett. Müde schleppte ich mich ins Bad. Dort lagen verstreut seine Kleider. Stark mit Lehm verschmiert. Furchtbare Gedanken schossen mir durch den Kopf ... Ich ging hinunter in die Garage und inspizierte das Auto. Aber es verriet mir nicht seinen nächtlichen Aufenthaltsort. (Blonde Haare oder fremde Stringtangas fand ich übrigens auch nicht ...)

Also musste ich in Joachims Heiligtum vordringen, das Gartenhäuschen. Ich bewaffnete mich zur Tarnung mit Putzeimer und Lappen.

Natürlich ... „Guten Morgen, Frau Leuchte," rief es über den Gartenzaun. „Sie sind aber schon früh fleißig!"

„Ich will das schöne Wetter ausnutzen, um mal klar Schiff zu machen", entgegnete ich schnell und verschwand in der Laube. Doch außer Spinnweben, ordentlich Dreck und einer toten Maus fand ich nichts, was mir bei meinen „Ermittlungen" weiterhalf. Natürlich konnte ich seine hier aufgereihten wertvollen Funde nicht auseinanderhalten, aber es schien mir nichts weg- oder hinzugekommen zu sein.

Wo war Joachim gewesen? Was hatte er heute Nacht getrieben? Als ich in den alten blinden Spiegel im Gartenhäuschen sah, erschrak ich. So weit hatte mich das Gerede der Nachbarschaft schon getrieben, dass ich dem eigenen Mann misstraute und ihm nachschnüffelte. Dabei wollte ich doch seine Unschuld beweisen. Geknickt ging ich zurück ins Haus.

Ich holte die Zeichenblöcke der Kinder hervor, klebte mehrere Blätter zusammen und versuchte (ganz professionell) ein Bild des Schauplatzes zu erstellen. Ich notierte alle Anwesenden an diesem Abend im Weingut, dazu alle, die Probleme mit der teuren Verblichenen hatten, also quasi fast den ganzen Ort. Stolz hängte ich mein Kunstwerk an die Wand. Während ich in meiner Bewunderung schwelgte, kam Emma durch die Terrassentür, legte beim Anblick meiner Aufzeichnungen ihren Kopf schief und meinte trocken: „Wieso stehe ich da mit drauf?"

Ich entgegnete pflichtbewusst: „Weil du auch anwesend warst. Wie ich. Joachim steht auch in der Spalte der Verdächtigen. Alles ganz korrekt, nur ehrlich gesagt, ich weiß nicht weiter. Wie machen das nur die Miss Marples und Kommissare dieser Welt?"

„Nun, ich glaube, die setzen sich selber nicht auf die Liste. Vielleicht solltest du gewisse Leute mit einem stärkeren Motiv mit einem Leuchtstift hervorheben", schlug Emma schnippisch vor.

Gesagt, getan. Am Abend strahlte mein Werk nur so vor Leuchtkraft. Ich hatte sogar in drei Kategorien eingeteilt: gelb für eventuell nicht verdächtig (in dieser Kategorie befanden sich Joachim und ich), grün für eventuell verdächtig und rot für strikt tatverdächtig.

Auf einem extra Blatt hatte ich Joachims Alibi für den Tatabend vermerkt und die Rechnung für die Pizza, die er sich bestellt hatte, dazugeklebt. Dummerweise hatte er sie selber abgeholt. Ich war sogar den Weg zur Pizzeria nach Sickingen abgefahren, um die Zeit zu stoppen. Danach waren die Mülltonnen an die Reihe gekommen. Ich wühlte so lange in ihnen, bis ich die Pizzakartons mitsamt der Rechnung gefunden hatte. Dazu notierte ich sämtliche aufmerksame Anwohner, die meinen Mann 100-prozentig gesehen hatten.

Mein schlechtes Gewissen gegenüber Joachim hatte sich beruhigt. Allerdings nur bis zu dem Zeitpunkt, als ich in der nächsten Nacht feststellen musste, dass er erneut verschwunden war ...

Wieder sprach niemand mit mir, als ich am Morgen meine zwei in den Kindergarten brachte. Wir waren also nach wie vor auf der Verdächtigenliste ganz weit oben. Aus dem Getuschel entnahm ich, dass die liebe Simons immer noch gegen uns hetzte und Joachim für den Mörder ihrer Mutter hielt. Ob es etwas bringen würde, wenn ich sie aufsuchte und zur Rede stellte? War es überhaupt möglich, so einer den Mund zu stopfen? Man müsste sie, wie ihre Mutter, kalt machen!

Es war zum Verrücktwerden. Es gab so viele Motive, so viele Verdächtige. Wie hatte es Gerlinde überhaupt geschafft, so lange am Leben zu bleiben? Gedankenverloren stand ich vor dem Flehinger Wasserschloss und schaute in die Kronen der uralten Platanen. Sie rauschten im Wind. Ihre Blätter hatten sich bereits verfärbt und fielen sachte zu Boden. Ich war zu Fuß in den Kindergarten gegangen, um irgendjemandem über den Weg zu laufen, der mir den Dorftratsch zutragen wollte. Keine Seele.

Es konnte doch nicht sein, dass in diesem kleinen Ort ein Mord geschah und niemand hatte die geringste Ahnung, wer der Mörder war! Hier geschah doch nichts ungesehen! Langsam lief ich über die Gochsheimer Straße hinauf zum Senselberg. Nicht einmal meine Nachbarin, Frau Braun, stand an der Hecke, um mir mitzuteilen, wann mein Mann heute Nacht nach Hause gekommen sei. Wo waren die nur alle?

Emma riss mich aus meinen Gedanken. Sie stand an meinem Küchenfenster und rief mir zu: „Hallo Andrea! Ich war so frei, die Terassentür war auf, und hab uns schon eine Tässchen gemacht."

Müde setzte ich mich mit ihr auf die Terrasse.

„Du Emma, ich hätte da eine Frage."

Emma sah mich stirnrunzelnd an. „Schlimm?", fragte sie und zündete sich eine Zigarette an.

„Das kommt ganz darauf an", meinte ich und beobachtete, wie sie den Rauch der Zigarette ausblies. „Joachim ist die letzten zwei Nächte nicht zu Hause gewesen. Vielleicht auch schon länger, ich habe es nur nicht bemerkt."

Emma setzte sich ruckartig im Gartenstuhl auf.

„Was heißt: nicht bemerkt?", fragte sie erstaunt.

„Nun, er geht jeden Abend gemeinsam mit mir ins Bett und am Morgen liegt er sonst natürlich auch noch da. Die letzten zwei Nächte bin ich zufällig wach geworden – da war er weg. Als ich im Bad nachsah, lag dort sein Schlafanzug. Als ich nach draußen ging, hat mir Frau Braun sogleich detailliert Auskunft darüber gegeben, dass er mit dem Auto weggefahren sei. Wohin, das wusste sie allerdings auch nicht", gab ich ihr mit leiser Verzweiflung zur Antwort. Zusammengesunken saß ich da. Und das Verlangen, mir auch eine Zigarette anzuzünden, wuchs.

„Ob er eine Freundin hat?“, fragte ich ängstlich.

Sie lachte schallend auf. „Du bist gut. Joachim und eine Freundin! Nein, da traue ich ihm eher einen Mord zu als dass er dich betrügt.“ Entsetzt sahen wir uns an. Emma konterte sofort: „Entschuldige, Süße, so habe ich das nicht gemeint. Bitte glaube mir.“

Nun (b)rauchte ich wirklich eine Zigarette. Nach ein paar Hustenanfällen ging es mir schon etwas besser.

„Was nun?“, wollte ich von Emma wissen.

„Da wird mir nichts anderes übrig bleiben, als heute Nacht für dich auf die Pirsch zu gehen. Ich werde mich auf die Lauer legen und Joachim nachfahren“, bot Emma an.

„Und wie soll das gehen, ohne dass es gleich die ganze Nachbarschaft mitbekommt?“, fragte ich skeptisch.

„Natürlich werde ich nicht direkt vor eurer Haustüre stehen. Ganz blöd bin ich auch nicht. Es gibt eine Erfindung namens Fernglas. Ich werde mich auf dem Reichenberg platzieren. Von dort aus kann ich sehen, wann Joachim fortfährt. Wenn er nicht gleich nach Bretten oder Bruchsal fährt, habe ich genug Zeit, ihm zu folgen.“

Das klang gut – und ich fühlte mich gleich wieder mies. 13 Jahre verheiratet und ich ließ es zu, dass meine Freundin meinem Mann hinterherspionierte ... Aber was sein muss, musste eben sein!

Es fiel mir schwer, abends bei Zeit ins Bett zu gehen. Von Einschlafen konnte keine Rede sein, aber solange ich wach blieb, würde Joachim immerhin nicht verschwinden. Ich versuchte ruhig und tief zu atmen, aber es half nichts. Also schnarchte ich – und komischerweise wirkte das. Joachim stand leise auf. Ich hörte, wie er versuchte, sämtliche Türen so geräuschlos wie möglich zu öffnen und zu schließen. Schließlich hob sich das Garagentor und er fuhr mit dem Auto so leise es ging davon.

Hoffentlich lag Emma auf der Lauer. Ich war versucht, sie auf ihrem Handy anzurufen. Doch mein Stolz hielt mich davon ab. Nicht einmal sie sollte merken, wie verzweifelt ich war. Also lief ich lieber unruhig durchs Haus. Als nichts mehr half, fing ich an zu bügeln. Danach begann ich zu putzen.

Irgendwann, gegen sechs Uhr, glänzte das ganze Haus (mal wieder) und ich, ich ging völlig erschöpft ins Bett. Kaum hatte ich mich hingelegt, hörte ich unser Auto. Warum hatte Emma sich nicht gemeldet?

Als die Kinder in der Schule und im Kindergarten waren, fuhr ich im Eiltempo zu ihr nach Sickingen. Doch da war keine Emma. Ernüchtert fuhr ich nach Hause. Als ich zum Senselberg einbog, dachte ich nur: Das war ja klar, während ich meine Freundin suchte, saß die schon bei mir auf der Terrasse. Und so war es.

„Es wird aber auch Zeit, dass du kommst“, begrüßte sie mich. Auf dem Tisch hatte sie frische Mohnschnitten liegen. „Ich dachte, etwas Süßes könntest du nach dieser Nacht bestimmt gebrauchen.“

Es duftet nach Kaffee und Mohnschnitten. Wenn Blankenfels das wüsste ...

„Nun mach schon!“, drängte ich. „Mach es nicht so spannend.“

Emma grinste mich an und meinte gelassen: „Entspann dich. Es gibt für deinen Mann anscheinend nur eines – irgendetwas aus der Erde zu buddeln.“

Ungläubig starrte ich sie an. „Du willst doch nicht behaupten, Joachim geht nachts irgendwelchen archäologischen Ausgrabungen nach?“

Emma lächelte mich mit einem mitleidigen Gesichtsausdruck an. „Genau, das denke ich. Also, ich weiß nicht genau, was er da ausgebuddelt hat, aber er hat gegraben.“

Ich konnte es einfach nicht glauben. Ich war dermaßen fassungslos, dass ich im Unverstand zwei Mohnschnitten verschlang. Joachim kostete mich nicht nur meine letzten Nerven, nein, auch noch die Figur. „Ich glaube es nicht. Der hat Nerven! Und wo, bitte schön, buddelt er nachts?“, fragte ich, immer noch fassungslos.

„Am Tauchstein“, antwortete Emma knapp.

„Am Tauchstein? Aber der ist doch bei der Hagenmühle, da kann man doch vom Reichenberg nicht hinsehen. Wie hast du das angestellt?“ fragte ich mit vollem Mund.

„Du vergisst, dass ich bereits zweimal geschieden bin. Da lernt man es, den Männern hinterherzuspionieren. Außerdem konnte ich mit dem Fernglas sehen, wie Joachim in Richtung Alte Gochsheimer Straße fuhr. Also bin ich ihm gefolgt. Sein Auto fand ich unterhalb vom Judenfriedhof. Ich ging den Geräuschen nach, der Rest war bei dem Vollmond kein Problem. Lediglich der Hund von der Hagenmühle schien mich bemerkt zu haben. Aber eines sage ich dir, nochmals mache ich das nicht. Vollmond, ein alter Friedhof und ein Teufelsstein, das ist dann doch nichts für mich. Dein Mann hält da schon mehr aus", meinte sie, sich am ganzen Körper dabei schüttelnd. „Wenn ich da an das alte Gedicht von Leopold Feigenbutz denke, das wir in der Schule über den Teufelsstein lernen mussten, da bekomme ich eine Gänsehaut: *Auch wächst er nicht am Tage, er wächst nur bei der Nacht. Man glaubt darum auch vom Steine, er sei des Teufels Stein ... Und nur der Teufel könne, vom Steine aus und ein.* Brrr!"

Es musste sie wirklich sehr mitgenommen haben, denn sie griff, entgegen ihrer Art, ebenfalls zu einer weiteren Mohnschnitte. Bei ihrer beneidenswerten Figur würde dieser Ausrutscher allerdings nicht weiter ins Gewicht fallen. Bei mir dagegen schon.

„Tja", seufzte ich, „das wäre nun geklärt. Aber was wichtiger ist: Wer ist nun unser Mörder?"

Als Joachim in dieser Nacht wieder leise aufstand, um aus dem Schlafzimmer zu schleichen, drehte ich mich beruhigt auf die andere Seite. Mit einem Grinsen schlief ich wieder ein. Mein Mann ging zwar fremd, aber wenn eine Frau der Grund sein sollte, so war sie immerhin schon einige Jahre tot.

Es würde ein schöner Herbsttag werden. Sonnenstrahlen tasteten sich an der Wand entlang. Eine Amsel sang bereits unermüdlich auf unserem Walnussbaum. Genüsslich räkelte ich mich unter meiner kuscheligen Bettdecke.

Ich liebte es, morgens noch eine Weile wach im Bett liegen zu bleiben.

Heute war Samstag und ich würde mit Emma auf den Wochenmarkt nach Bruchsal fahren und Kürbisse kaufen. Ich sah schon deren Farben, die der vielen Blumen und des bunten Gemüses auf dem großen Rathausplatz, vor mir.

Wir würden Kürbischutney, Marmelade, süß-saure Kürbisschnitz und natürlich Feuerteufel daraus machen. Eine wahre Flutwelle von Glückshormonen durchströmte meinen Körper. Jetzt fehlte nur noch eine Liebkosung von meinem Mann ... Langsam drehte ich mich zu Joachim um. Erwartungsvoll fuhr meine Hand in Richtung seines Kopfkissens. Doch anstelle seiner schwarzen Locken griff ich mal wieder ins Leere. Ruckartig riss ich seine Bettdecke hoch, aber da war nichts. Okay, „nichts" stimmt nicht. Unsere Katze lag zusammengerollt darunter. „Entschuldige, Mizie", murmelte ich und deckte das Raubtierchen schnell wieder zu.

„Ganz ruhig, Andrea", sagte ich leise zu mir. „Joachim holt bestimmt Brötchen, macht Frühstück und begrüßt dich mit einem frisch gepflückten Blumenstrauß." Unruhig schnappte ich mir meinen Morgenmantel, taumelte unter Gähnen nach unten. Die Rollläden waren noch unten. Außer an der Terrassentür. Da klopfte es stürmisch.

„Gott sei Dank", seufzte ich erleichtert. „Joachim hat sich wohl selber ausgeschlossen. Aber wieso kommt er dann nicht durch die Haustüre? Typisch Joachim", dachte ich kopfschüttelnd.

„Oh, du bist es nur", begrüßte ich sichtlich enttäuscht Emma.

„Danke für die nette Begrüßung. Wen hast du denn erwartet? Den Briefträger? Oder deinen Hausfreund?", spottete Emma und drückte sich an mir vorbei durch die Terrassentür. Ratlos sah ich immer noch in den Garten hinaus. Wer weiß, vielleicht tauchte doch noch mein Mann irgendwo auf.

Emma drehte sich zu mir um und sah mich fragend an. „Stimmt was nicht?", wollte sie wissen.

„Steht unser Auto in der Garage?"

„Woher soll ich das denn wissen?", gab sie erstaunt zur Antwort.

Ich zog sie am Ärmel zu mir her. „Joachim fehlt!", flüsterte ich knapp und beängstigend leise. Frau Braun von nebenan war bestimmt schon auf dem Lauschposten.

„Was heißt da fehlt?", flüsterte Emma mir zu und schloss geräuschlos die Terrassentür. „Ist er heute Nacht etwa wieder abgehauen?"

Ich nickte stumm. Emma ging sofort in die Küche und schnappte sich den Mülleimer. Sie öffnete die Terrassentür und meinte laut: „Du, Andrea, mach schon einmal Kaffee. Ich bringe inzwischen den Mülleimer raus."

Schwupp war sie weg. Ich hörte sie nur noch sagen: „Guten Morgen, Frau Braun. Schon so früh auf?"

Das war für mich wie ein Startschuss. Ich rannte ins Schlafzimmer, riss einen Pulli und eine Jeans aus dem Schrank. Machte mir schnell einen Pferdeschwanz und fischte meine Birkenstock unter dem Bett hervor. Ehe

Emma aus der Garage zurückkam, stand ich schon wartend an der Terrassentür.

„Nichts?", fragte ich mit einem Kloß im Hals.

Emma nickte wortlos.

Kurz entschlossen rief ich bei meiner Mutter an und bat sie, nach den Kindern zu sehen. Es waren nur ein paar Minuten, vielleicht nur Sekunden, bis meine Mutter kam, aber es erschien mir wie Stunden. Mit Einkaufskörben bewaffnet, machten Emma und ich uns auf den Weg.

Mutter rief uns noch nach: „Und viel Spaß auf dem Wochenmarkt in Bruchsal! Lasst euch ruhig Zeit."

Es war erschreckend, wie wir uns seit dem Mord vor der Nachbarschaft verstellten. Nur kein Risiko eingehen. „Danke, den werden wir haben!", rief ich laut zurück.

„Mit einem kleinen Abstecher zum Tauchstein ...", flüsterte Emma.

Wir fuhren also auf der Alten Gochsheimer Straße in Richtung Freibad, bogen beim Götzenberg links Richtung Gochsheim ab und hielten auf der Höhe vor dem Judenfriedhof panisch Ausschau nach Joachim.

„Gott sei Dank!", rief ich und wäre beinahe noch aus dem fahrenden Auto gesprungen, als ich unser Auto unterhalb des Friedhofes erblickte. „Der kann was erleben! Mich wegen seiner blöden Buddelei so in Angst und Schrecken zu versetzten." Niemand war zu sehen. Wütend stürmte ich den Feldweg zum Tauchstein entlang. Nur eine Frau, die liebt, kann so wütend sein. Um mich schauend, stand ich vor einem großen Loch unterhalb des Tauchsteines.

„Joachim?" Seine Utensilien lagen verstreut herum. Er wird doch nicht etwa in der Kraich ertrunken sein? „Joachim, wo bist du?", rief ich nochmals verzweifelt. Schnell lief ich zum Kraichbach. Der plätscherte friedlich daher, dass es einiger Anstrengung bedurfte, darin zu ertrinken. Am gegenüberliegenden Ufer, in der Kläranlage, wäre das schon eher möglich.

Inzwischen war auch Emma bei mir und rief ebenfalls nach Joachim. „Das macht mich wahnsinnig!", meinte ich mit Tränen in den Augen. Suchend bahnte ich mir einen Weg um den Tauchstein. Die Dornen der Brombeersträucher zerkratzten mir die Füße und mein Pulli war bald ein Fall für die Mülltonne. Wie eine Wahnsinnige durchsuchte ich das Gestrüpp rings um den sagenumwobenen Kalkfelsen. „Joachim!", rief ich unentwegt.

„Still, Andrea", rief Emma. „Ich höre etwas. Auf der anderen Seite des Felsens. Komm zurück."

Von wegen zurück. Es gab keine Dornenhecke, die mich hätte davon abhalten können zu meinem Mann zu kommen. Auf der Rückseite des Felsens, da lag er. Ich kniete mich zu ihm hinunter: „Joachim, um Himmels willen, was ist mit dir passiert?" Er lag mit dem Gesicht nach unten auf dem Boden und stöhnte. An seinem Hinterkopf klaffte eine Platzwunde.

„Lebt er noch?", rief Emma aus.

Vorsichtig drehten wir Joachim um. Als er mich schwach mit seinen blauen Augen ansah, rannen mir Tränen übers Gesicht. Er lebte.

Solch einen Tumult hatte der Tauchstein lange nicht erlebt. Nachdem Emma mit dem Handy den Notarzt gerufen hatte, wimmelte es nur vor Polizisten, Feuerwehrmännern und Notärzten. Sollte es hier irgendwelche Beweise für einen Gewaltakt geben, so würden sie nun bestimmt (unbeabsichtigt) vernichtet worden sein. Aber all das war mir egal, denn ich hatte meinen Mann gefunden. Lebendig! Unter Zeugen hatte er mir sein Versprechen gegeben, mit der verdammten Buddelei aufzuhören.

„Ich glaube, das mit dem Besuch auf dem Wochenmarkt glaubt uns sowieso schon keiner mehr. Fahr ruhig mit dem Krankenwagen nach Bretten ins Krankenhaus mit. Ich gebe deiner Mutter Bescheid. Ich bin direkt gespannt, ob *ich* das als Erste schaffe", meinte Emma und konnte sich ein Grinsen nicht verkneifen.

Wie ein Herbststurm fegte es durch den Ort. „Habt ihr es schon gehört? U-Haft, genau!"

„Nein so etwas! Das hätte ich nicht von ihm erwartet." – „So ein netter junger Mann, aber seine Augen. Ich habe es schon immer gewusst." – „Bei *diesen* Vorfahren ... alles Kriminelle!"

Ich erfuhr, wie so oft, beim Bäcker davon.

„Guten Morgen, Frau Leuchte. Einen Stollen, nicht geschnitten, und drei Schneckennudeln für die lieben Kleinen, nehme ich an. Wie immer? – Ach, übrigens ..." Frau Gruber beugte sich zu mir über die Ladentheke und flüsterte verschwörerisch. „Bestimmt haben Sie schon das Neueste gehört?"

„Das Neueste? Nein, nicht dass ich wüsste“, antwortete ich höflich, gerade so, als ob es mich nicht interessieren würde. Innerlich lechzte ich jedoch danach, endlich mehr zu erfahren. Schließlich hatte mich jeder in der letzten Zeit geschnitten. Nun wurde ich endlich wieder einbezogen. Das konnte nur Gutes bedeuten.

„Also, dass Ihr Mann für den Mörder gehalten wurde, hab ich sowieso für glatten Unsinn gehalten. Ich war immer der Meinung, der junge Maier war es. Der, den die Gerlinde schon mehrmals wegen angeblicher Zuhälterei angezeigt hatte“, erklärte mir Frau Gruber gewissenhaft. Erstaunt sah ich sie an. Das war ja interessant, davon hatte ich nichts gewusst. Also ein weiterer Verdächtiger auf meiner Liste.

„Ja ... und hat sie mit ihren Anzeigen etwas erreicht?“, wollte ich wissen.

„Selbstverständlich nicht. Ich denke, der ist einfach zu clever, als dass die Polizei ihm etwas beweisen kann. Glück eben. Was man von Bernd nun wohl nicht sagen kann.“ Zufrieden sah sie mich nach ihrer Ausführung an und schien auf Beifallsbekundungen zu warten.

„Bernd? Soll das etwa heißen, man hält den Schmieders Bernd für den Mörder?“, fragte ich entsetzt.

„Natürlich, es ist doch auch ganz offensichtlich. Er hat schon häufiger gesagt, dass er der Gerlinde das Maul stopfen und sie zum Schweigen bringen will“, gab sie energisch zu verstehen.

„Nun, mein Mann hat das auch gesagt. Und ist nicht der Mörder“, konterte ich bissig. Es war doch einfach nicht zu glauben, wie schnell hier jemand abgestempelt wurde.

„Nun, die Polizei wird ihn ja nicht ohne irgendwelche Beweise einfach so mir nichts, dir nichts in U-Haft nehmen“, bemerkte sie mit triumphierendem Blick.

„Logisch“, stotterte ich zerknirscht. Armer Bernd. Zwar hatte ich ihn auch auf meiner Liste, allerdings hatte ich ihn nie ernsthaft in Erwägung gezogen. Sollte er wirklich unschuldig sein, so ging er jetzt wohl durch die Hölle.

Als ich auf dem Heimweg durch den Park des Wasserschlosses ging, stellte ich erstaunt fest, dass ich inzwischen auch wieder gegrüßt wurde. Man sprach wieder mit mir. All die netten Beteuerungen, die ich zu hören bekam ...

„Joachim ein Mörder? Nein, daran habe ich niemals auch nur eine Minute gedacht.“ – „Wir haben immer an die Unschuld von Joachim geglaubt. So eine gute Seele und liebevoller Vater!“ – „Wirklich, ich habe ja nie verstanden, wie man Joachim verdächtigen konnte.“ – „Du Ärmste, wie hast du das alles nur ausgehalten? Dieses dumme, unnötige Geschwätz der Leute.“

Ich bin mir sicher, es fiel niemandem auch nur im geringsten auf, dass ich nichts dazu sagte. Ich dachte mir mein Teil und fühlte mit Bernd.

„Schneckennudeln im Tausch für eine Tasse Kaffee?“, Blankenfels stand vor meiner Haustüre und schwenkte eine Bäckertüte. Lachend zeigte ich ihm meine.

„Oh!“, er grinste. „Ob ich trotzdem ein Tässchen bekomme?“, fragte er mit theaterreifem Augenaufschlag.

„Mmh, wenn ich im Gegenzug das Neuste vom Neuen erfahre, und zwar wirklich das Neuste!“, schlug ich vor.

Blankenfels nickte und trug mir meinen Einkaufkorb in die Küche. Ich hatte das berauschende Gefühl, da brauchte jemand meinen Rat.

„So, bitte schön, Ihr Kaffee. Nun heraus mit den Informationen! Wissen Sie jetzt, wer meinen Mann niedergeschlagen hat? Und wieso wurde Bernd Schmieder in U-Haft gesteckt?", fragte ich forsch.

Erschrocken sah mich Blankenfels an. „Vorsicht, Frau Leuchte, da bekomme ich ja direkt Angst vor Ihnen." Er trank einen Schluck Kaffee, biss kräftig von einer Schneckennudel ab und meinte noch mit vollem Mund: „Also, wer es genau war, der ihren Mann niedergeschlagen hat, wissen wir noch nicht. Wir nehmen aber an, dass es eine Bande von Rauschgiftdealern war, die hier ihren Geschäften nachgehen. In der kleinen Höhle am Tauchstein haben wir Kokain gefunden, welches dort wohl gelagert wurde. Eigentlich ein gutes Versteck. Wer sucht schon in einem Naturdenkmal nach Drogen? So nahe beim alten Friedhof ist nachts ja niemand unterwegs ..."

„Außer meinem Mann, das war ja klar. Ich nehme an, er hat die Bande unbeabsichtigt gestört und eins übergezogen bekommen", vollendete ich aufgeregt seine Erklärung.

„Das denken wir auch. Das LKA ist den Burschen schon seit längerem auf der Spur und war nun gar nicht begeistert, dass Ihr Mann da nachts aufgetaucht ist. Jetzt hat sich die Bande erst einmal verkrümelt und es wird wohl eine Weile dauern, bis man sie wieder zu Gesicht bekommt", meinte Blankenfels die Stirn runzelnd. Er sah mich durchdringend an. Als ob ich etwas dafür konnte, dass mein Mann mitten in der Nacht zu graben anfing!

„Es tut mir leid, aber Joachim hat mir versprochen, dass er nicht mehr heimlich irgendwelchen Ausgrabungen nachgeht. Er möchte sogar ganz damit aufhören. Aber jetzt muss der Ärmste erst einmal aus dem Krankenhaus kommen", entschuldigte ich mich quasi für meinen Mann. Ich schenkte Blankenfels Kaffee nach. Beherzt griff er zu einer weiteren Schneckennudel.

„So, nun möchte ich wissen, ob es stimmt, dass Bernd Schmieder verhaftet wurde und wieso? Der Mann ist ein Großmaul, kann aber keiner Fliege etwas zuleide tun", forderte ich Blankenfels zum Erzählen auf.

Der kaute eifrig auf seinem Spiralgebäck, spülte Kaffee hinterher und schien zu überlegen, was er mir sagen durfte und was nicht. „Nun, wir haben Bernd Schmieder deshalb verhaftet ..." Weiter kam er nicht.

„Was haben Sie? Sind Sie wahnsinnig?" Emma schrie auf. Blankenfels starrte sie an. Er musste glauben, sie sei aus dem Nichts aufgetaucht. Ich klärte den verdutzten Kommissar auf, dass unsere Terrassentür immer offenstand und unsere Bekannten nicht durch die Haustüre kamen, sondern gleich den Lieferanteneingang benutzten.

„Ach so, wenn Sie keine Angst vor ungebetenen Gästen haben ... na, aber Sie müssen schon entschuldigen, wenn ich Sie frage, weshalb Sie so aufgebracht darüber sind, dass Bernd Schmieder in U-Haft sitzt!" Forschend sah er Emma an. Sie rutschte etwas verlegen auf dem Küchenstuhl hin und her und lief knallrot an.

Interessant, dachte ich. Emma war für gewöhnlich nicht so schnell in Verlegenheit zu bringen. Abgesehen davon, dass sie Bernd gar nicht so recht leiden konnte. Oder besser gesagt: dass er zu den Männern zählte, die nicht in ihr Beuteschema passten.

Emma erholte sich nur ganz allmählich von ihrem peinlichen Auftritt. „Sie müssen entschuldigen, aber verstehen Sie, der Bernd, ich meine, der kann doch keiner Fliege etwas zuleide tun“, bemühte sie sich zu erklären.

„Da bemerkte Frau Leuchte bereits, dass dieser Bernd harmlos sei. Aber glauben Sie mir, die Haftanstalten sind voll von solch harmlosen Männern. Es spricht eben alles gegen ihn. Er hat kein Alibi für diesen Abend. Er hatte noch am Nachmittag einen heftigen Streit mit der Ermordeten und man fand seine Fingerabdrücke an der Kellertür und vor allem an der Lüftung“, bemerkte Blankenfels für meinen Geschmack etwas zu überheblich. Schließlich war Bernd im Weingut angestellt und gerade jetzt, wo der neue Jahrgang im Keller lag und gärte, musste regelmäßig die Lüftung kontrolliert werden. Also war es doch logisch, dass die Spurensicherung seine Fingerabdrücke dort finden konnte. Ich spielte schon mit dem Gedanken, ihm meine Meinung kund zu tun. Doch auf der anderen Seite beschäftigte mich Emmas seltsames Verhalten. Was war nur mit ihr los? Sie konnte sich nicht beruhigen. Das musste Blankenfels auffallen. Scharf fragte er: „Könnte es sein, dass Sie etwas wissen und es der Polizei verheimlichen?“

Emma verschluckte sich. Nach Luft ringend gab sie zu verstehen, dass sie keine Ahnung hätte, was er meine.

Blankenfels sah mich verschwörerisch und bittend zugleich an.

Ich nickte. Wenn er allerdings dachte, dass ich meine beste Freundin an den Galgen bringen würde, hatte er sich getäuscht.

„Dann will ich Ihnen also mal glauben. Was sollte auch eine Dame von Welt wie Sie mit einem einfachen Arbeiter zu tun haben ... Entschuldigen Sie", meinte Blankenfels in einem freundschaftlichen Ton.

Emma sprang natürlich gleich darauf an, und ehe ich mich versah, flirteten die beiden miteinander.

„Ich störe doch nicht?", fragte ich nach einer Weile gereizt. Denn, hallo, was ging hier denn vor sich?

„Nein, natürlich nicht. Entschuldigen Sie bitte, Frau Leuchte. Ich muss dann mal wieder weiter. Wenn sich etwas Neues mit Ihrem Mann ergibt, melde ich mich. Beziehungsweise wenn Sie was Neues hören ..."

Blankenfels schüttelte mir zum Abschied die Hand. Die von Emma küsste er.

Kaum war er mit seinem Auto um die Ecke, schloss ich sämtliche Fenster und Türen im Erdgeschoss. „So, nun raus mit der Sprache. Was war das denn vorhin? Was weißt du?", pfiff ich Emma an. Diese saß ungewöhnlich kleinlaut auf dem Küchenstuhl. „Emma!", fauchte ich, „Joachim wurde des Mordes beschuldigt und liegt jetzt mit einer Platzwunde am Kopf im Krankenhaus. Die Kinder wurden allseits im Ort geschnitten ... Ich bin mit den Nerven am Ende. Und höchstwahrscheinlich sitzt ein Unschuldiger in Bruchsal in U-Haft – und ich werde bei alledem das

Gefühl nicht los, dass du da irgendwie die Finger im Spiel hast."

Emma sah wirklich zerknirscht aus. „Andrea, glaube mir, ich habe mit dem Mord nichts zu tun. Ich habe nur ein Alibi für Bernd", sagte sie schluchzend.

„Ja super, und warum hast du dann dem Blankenfels nichts gesagt statt mit ihm rumzuflirten?", fragte ich zornig. Zitternd zündete sich Emma eine Zigarette an – in meiner Küche! So langsam glaubte ich, einen Kreislaufkollaps bekommen zu müssen. „Bleib ruhig Andrea", sagte ich immer wieder zu mir. „Bleib ganz ruhig."

„Ich kann Blankenfels nichts sagen. Wenn das rauskommt, ist meine Ehe im Eimer und eine höher gestellte Persönlichkeit kann ihre Koffer packen", stotterte Emma und sah mich Hilfe suchend an. „Du musst mir helfen, Andrea. Du musst den Mörder finden und Bernds Unschuld beweisen. Denn er ist unschuldig", bat sie.

„Natürlich werde ich den Mörder finden. Ich tue ja nichts anderes mehr. Weil das so einfach ist. Und so viel Spaß macht. Im Grunde genommen müsste der halbe Ort in U-Haft ins Café Achteck nach Bruchsal!", schrie ich. Wie ein Hamster in seinem Rad, so drehte ich meine Runden um den Küchentisch. Emma war meine Freundin, sie hatte mir immer geholfen. Ich konnte sie nicht einfach im Stich lassen. Bernd war, wie sie sagte, unschuldig und ich glaubte ihr. Ich war mit meiner Familie in den letzten drei Wochen durch die Hölle gegangen und das wollte ich niemand anderem zumuten. Doch was konnte ich tun? Ich zermarterte mir den Kopf. Und dann auch noch der

Vorfall mit Joachim. Was, wenn die Drogendealer Angst hatten, dass er sie erkannt hatte und ihm nun nach dem Leben trachteten oder unsere Kinder da mit rein zögen?

Langsam zerknüllte ich die leeren Bäckereitüten, stellte die Kaffeetassen in die Spülmaschine, stellte den Wasserkocher an (ja, ich kann auch anders), holte meine Teekanne mit zwei Tassen hervor, goss Tee auf und setzte mich zu Emma an den Küchentisch. Eine vertraute Szene.

„So, jetzt holen wir beiden erst einmal tief Luft und dann erzählst du mir alles. Aber wirklich alles." Während ich das sagte, sah ich Emma scharf an. Der Tee duftete herrlich und Emma wusste genau, was es bedeutete, wenn ich Tee aufbrühte. Dann war ich mit meinem Latein definitiv am Ende. Emma war sich dessen sehr wohl bewusst. Sie wusste auch, dass sie jetzt aufstehen und gehen konnte, aber danach würde es sehr lange dauern, bis sie wieder durch die Terrassentür kommen durfte. Oder sie konnte sich zusammenreißen und mir alles erzählen. Danach würde ich versuchen ihr zu helfen.

„Also gut", fing sie an, „ich werde es dir erzählen und danach wirst du mich für weiß ich was halten. Am fraglichen Abend hatte ich, sagen wir, eine ‚kleine Zusammenkunft' mit einem Mann in der Scheune des Weingutes. Von dort aus sah ich, wie Gerlinde in den Weinkeller ging. Ich hatte aber keine Acht darauf, wer vor oder nach ihr in den Keller ging. Auf jeden Fall war es nicht Bernd, denn der schnarchte in einer anderen Ecke des Heuschobers. Der war so sturzbesoffen, dass er sich nicht mehr auf den Beinen hätte halten können. Ich bin sicher, er schlief schon ein ganzes Weilchen dort." Emma sah mich mit zusammengekniffenen Lippen an. So wie mein Jüngster, wenn er etwas ausgefressen hat.

Es arbeitete schwer in meinem Gehirn. „Du hattest eine ‚Zusammenkunft' mit einem Mann?", fragte ich mit einem süffisanten Unterton. „Und dieser Mann war nicht dein Mann, denn der ist ja, soviel ich weiß, wieder einmal für längere Zeit geschäftlich unterwegs", fuhr ich vorsichtig in meinem heiteren Ratespiel fort.

Emma nickte nur folgsam.

„Könnte es sein, dass ich mir unter dieser Zusammenkunft etwas vorstelle, was den lieben Herrn Pfarrer ..."

Emma nickte erneut und ihre Lippen kräuselten sich zu einem schwachen, unschuldigen Grinsen. Wahrscheinlich stellte sie sich gerade unseren Pfarrer bei der Beichte ihres Ehebruches vor. Ich wusste, dass Emma mit ihrem Mann eine recht freizügige Ehe führte, und sie nur noch wegen der gemeinsamen Firma zusammen waren. Doch die Wahrheit, wie zumeist, sie schockierte gleichwohl.

Also versuchte ich ruhig und sachlich zu bleiben und fuhr fort: „Es handelt sich, so nehme ich an, um eine Person aus dem Kreis der erlauchten Gäste im Weingut. Dem Kreis, dem ich meine köstliche Weinprobe darbot?", fragte ich vorsichtig weiter.

Ich konnte all dies nur mit einer gehörigen Portion Sarkasmus durchstehen. Das Bedürfnis, meine Hände um ihren Hals zu legen, um sie dann wie einen Apfelbaum zu schütteln, wurde größer und größer.

Emmas Grinsen wurde breiter.

„Emma, dass du ein durchgeknalltes Huhn bist, damit habe ich mich in all den Jahren unserer Freundschaft abgefunden. Das ist auch ganz amüsant, aber manchmal gehst du zu weit. Sag jetzt bitte nicht, dass es der Landrat war", flehte ich sie an.

Nun lachte Emma schallend los. „Andrea, spinnst du? Nein, es war nicht der Landrat, der ist doch verheiratet und du weißt, nur weil *meine* Ehe nicht mehr funktioniert, werde ich andere nicht zerstören."

An diesen Grundsatz hatte sie sich immer gehalten. Also ließ ich im Geiste alle Gäste Revue passieren, um das ledige Opfer zu finden. Mir schwante Übles.

„Emma, doch nicht etwa der Bürgermeister?", schrie ich auf. Schnell sah ich aus dem Fenster, ob womöglich im Nachbargrundstück die Hecke wackelte. Aber es blieb alles ruhig.

„Ja, Emma, bist du denn wahnsinnig? Der Mann kann seinen Job verlieren, wenn das rauskommt. Oh, Emma! Moment mal, ich dummes Rindvieh! Wusste ich doch, dass ich dieses Damenparfüm kannte, das kürzlich an Thorsten Fuchs zu riechen war. Und ich habs dir auch noch zum Geburtstag geschenkt! Mann, hatte ich ein Brett vor dem Kopf", zischte ich.

Sie setzte sich in Position und meinte keck: „Das will ich doch hoffen, dass es mein Parfüm war." Leise fügte sie hinzu: „Denn ob du es glaubst oder nicht, ich liebe ihn wirklich."

„Oh nein, bitte nicht!", dachte ich. Das verkompliziert doch nur alles.

„Verstehst du nun, warum ich Blankenfels nichts sagen konnte? ‚Also hören Sie, ich habe da ein Alibi für den Bernd: Er schlief auf dem Heuboden, während ich dort ein Schäferstündchen mit dem Bürgermeister hatte.' Das kann ich doch nicht zu Protokoll geben!"

Ich nickte zustimmend. Wo sie Recht hatte, da hatte sie Recht.

Sie fuhr fort: „Ich zermartere mir die ganze Zeit schon den Schädel, wie ich das anstellen soll. Kannst du nicht mal bei dem Blankenfels anfragen, für den Fall, dass ich ein Alibi angeben könnte ... ob ich dann sagen müsste, was ich in der Scheune getan habe und mit wem? Du hast doch einen guten Draht zu ihm, oder?" Mit einem Bettelblick sah sie mich an.

„Also gut", meinte ich versöhnlich, „ich frage ihn, aber mach dir nicht zu viel Hoffnung."

Ich wusste wirklich nicht, was schlimmer für mein Seelenheil war, die ganze Sucherei nach einem Mörder oder Emmas neuste Liebschaft.

Am Abend schien alles wie verhext. Auf jedem Kanal im Fernsehen lief ein Krimi. Genervt entschied ich mich letztendlich für die gute alte Margaret Rutherford alias Miss Marple. Die gute Jane löste ihre Fälle oft mit Hilfe eines Kriminalromans, in dem eine ähnliche Situation beschrieben wurde. So würde ich es auch machen. Ich würde mir ebenfalls einen passenden Krimi aus der Bücherei holen und damit dem Täter auf die Spur kommen.

Am nächsten Tag stand ich pünktlich um zehn vor der Gemeindebücherei im alten Torwächterhaus in Derdingen. Ich durchstöberte das gesamte Krimiregal. Buch um Buch überflog ich das Inhaltsverzeichnis, um alles, was mir irgendwie hilfreich erschien, auszuleihen.

Die nette Bibliothekarin, Frau Müller, staunte nicht schlecht. Als sich ein kleines Lächeln in ihren Mundwinkeln zeigte, ahnte ich bereits, dass sie sich dachte, weshalb ich mir auf einmal 26 Krimis auslieh. Schwer bepackt, ging ich über den Amtshof zu meinem Auto. Ich war mir sicher, die Lösung des Mordfalles in Händen zu halten.

In den folgenden Tagen war ich nur noch am Lesen. Die Kinder wurden zu spät vom Kindergarten geholt, das Mittagessen brannte an, die Blumen wurden nicht gegossen, die Kehrwoche unter den Tisch gekehrt und die Bügelwäsche blieb liegen. Doch egal, wie viel ich las, ich fand nirgends etwas, das mich weiterbrachte. Es handelte sich um viel grausamere Morde oder um viel größere Verbrechen. Motive von enormer politischer Tragweite. Opfer mit Format – keine kleine Gemeinderätin. Langsam fragte ich mich, ob das Ganze doch nur ein tragischer Unfall gewesen war. Tragisch für Gerlinde. Dann wäre es allerdings umso wichtiger, dies zu beweisen, ansonsten würde noch nach 40 Jahren der Tötungsverdacht im Dorf kursieren. Das klingt theatralisch, ich weiß, aber so ist es nun einmal in einem kleinen Ort – dort vergisst man nichts.

Seufzend legte ich das letzte Buch zur Seite. „Mein lieber Schwan", dachte ich, „die schwedischen Krimis sind aber ordentlich düster. Sollte ich je einen Mord begehen, würde ich mir ein Nordlicht als Vorlage nehmen ..."

Aber die Einzige, der ich im Moment am liebsten den Kragen umgedreht hätte, war Emma. Wieso hatte sie sich nur mit dem Bürgermeister einlassen müssen? Wie sollte ich Blankenfels das nächste Mal in seine blauen Augen schauen können? Der würde es doch sofort merken! So lange war ich nun auch noch nicht verheiratet, um in puncto Notlüge mit allen Wassern gewaschen zu sein.

Noch schlimmer, ich war im Besitz von Wissen, das ich vor dem ganzen Ort verbergen musste. Ganz abgesehen davon, dass Bernd immer noch in U-Haft schmorte. Wobei das nicht unbedingt das Schlechteste für ihn war; dort war er vor jeglichen Anfeindungen sicher. Und seinem Alkoholkonsum würde das auch ganz gut tun.

Joachim war in der Zwischenzeit aus dem Krankenhaus entlassen worden. Seltsam unruhig lief er im Haus umher. Immer wieder nahm er mich und die Kinder wortlos in den Arm. Drückte uns kurz und ging wieder seiner Wege. Dass Joachim ein sonderbarer Mensch war, daran hatte ich mich in all den Jahren unserer Ehe gewöhnt. Doch diese Marotte war neu und sie bereitete mir Sorgen. Nennen wir es weibliche Intuition oder noch besser eheliches Misstrauen. Ich spürte es in jeder Faser meines Körpers: Joachim hatte etwas vor mir zu verbergen.

So langsam wuchs mir alles über den Kopf. Durch die viele Krimi-Leserei hatte ich nur Zeit verloren. Meine Bügelwäsche stapelte sich ins Unendliche. In zwei Wochen feierten wir wieder das große Samuel-Friedrich-Sauter-Fest und mein Biedermeierkleid war noch nicht genäht. Stirnrunzelnd sah ich auf den Berg von alter Bettwäsche aus dem ein Traum von Kleid werden sollte. An der Schranktür hing mein Korsett und der Reifrock meines Hochzeitkleides. Neben der Nähmaschine lag das Schnittmuster für eine Krinoline mit Rüschenrock sowie mein alter Sonnenhut, der noch darauf wartete, endlich mit Stoff und Spitzen aufgehübscht und zu einer Schutte verwandelt zu werden.

Ich bemühte mich wirklich, so konzentriert wie möglich zu arbeiten. Was hatte ich mir nur wieder dabei gedacht, ein authentisches Kleid nähen zu wollen! Die anderen Mitglieder des Heimatkreises gingen zum Kostümverleih, aber ich, ich wollte es natürlich wieder ganz authentisch. Der Stoff war über 100 Jahre alt; das reichte zwar nicht ganz für die Biedermeierzeit, aber doch beinahe: Es handelte sich dabei um die Bettwäsche meiner Urgroßmutter. Leinen, handgewebt und mit Stickereien verziert. Aus den Rüschen der Kopfkissen würde mein Kragen entstehen und aus einem alten Nachthemd meiner Mutter die duftigen Puffärmel.

So sehr ich mich bemühte, immer wieder schweiften meine Gedanken ab. Das bekamen vor allem meine Finger zu spüren, denn sie wurden immer öfters Opfer der Stecknadeln. Genervt warf ich, gerade als Joachim zaghaft den Kopf durch die Tür streckte, alles hin.

„Du, Schatz, ich gehe auf die Kundgebung gegen die Recyclinganlage.“ Mit einem mitleidvollen Blick sah er mich an, wie ich wie ein Häufchen Elend zwischen den Stoffen saß. „Willst du vielleicht mitkommen?“

„Gute Idee. Hier komme ich doch nicht weiter“, raunte ich und stand auf.

Vor dem Rathaus in Derdingen, das in der alten Zehntscheune des ehemaligen Klosters untergebracht war, hatte sich eine große Menschenmenge versammelt. Joachim wurde begeistert begrüßt. Das schien ihm sichtlich gut zu tun.

„Hallo Andrea“, sprach mich Simone Zerrer, eine alte Mitschülerin, von der Seite an. „Im Dorf spricht man davon, dass du Detektivin spielst. Der ermittelnde Kommissar soll bei dir ein und aus gehen. Stimmt das?“

„Na ja, nicht ganz. Ich wollte helfen Joachims Unschuld zu beweisen. Ermitteln ist da wohl etwas hoch gegriffen“, stotterte ich verlegen und begutachtete meine Schuhe.

„Komm, ich seh's doch an deiner Nasenspitze, dass du bei den Ermittlungen deine Finger mit im Spiel hast. Also, ich glaube, der Bernd war es nicht. Obwohl ihm die U-Haft bestimmt nicht schadet ... Mein Favorit ist die Besitzerin vom Grünen Hof. Gerlinde hat ihr nicht nur regelmäßig den Wirtschaftskontrolldienst auf den Hals gehetzt – die haben sich doch schon im Kindergarten wie die Pest gehasst. In der Schule hat ihr die Gerlinde bereits den ersten Freund ausgespannt“, erzählte sie mir verschwörerisch, den Blick dabei immer schön nach vorne gerichtet, in der Hoffnung, dass niemand etwas von unserer Unterhaltung mitbekommt.

„Ach, so eine war die liebe Gerlinde? Das wusste ich gar nicht“, tuschelte ich.

„Was? Gibt's das! Was glaubst du, warum auch heute noch manch einer aus dem Ort ihr einen vertrockneten Obstbaum am 1. Mai vor die Tür bindet? Auf ihr Konto gehen hier einige verheiratete Männer“, meinte sie höhnisch und warf dabei ein faules Ei in Richtung Rathaus.

„Ach ... und ich habe mich schon gewundert, woher diese ekligen Kalkflecken vor ihrem Haus kommen. Die sind wohl dann auch vom 1. Mai? Das Zeichen für ein Dorfflittchen“, zischelte ich zurück.

Simone lachte: „Sei vorsichtig, dass das ihre Tochter nicht hört. Sonst bekommst du noch eine Anzeige wegen übler Nachrede. Ich glaube, die beschäftigt bereits eine ganze Schar von Rechtsanwälten. Na ja, wie die Mutter, so die Tochter.“

Ich nickte ihr noch kurz zu und wurde von einer anderen Seite in Beschlag genommen.

„Entschuldigen Sie, wenn ich Ihnen zugehört habe“, meinte eine mir völlig unbekannte Frau. „Also, ich denke da ja eher an jemanden aus der Kommunalbereich – oder vielleicht sogar von der Recyclingfirma. Nur dass Gerlinde für die Anlage war, heißt noch lange nicht, dass sie denen keinen Ärger gemacht hätte. Ich könnte mir gut vorstellen, dass Gerlinde so manches Eisen im Feuer hatte. Verstehen Sie, was ich meine?“

Ich war verdutzt: „Nein, tut mir leid, ich kann Ihnen nicht folgen.“

Die Frau lächelte gütig und meinte: „Ganz einfach: Wenn Gerlinde etwas erreichen wollte, rief sie überall an. So lange, bis die beste Sekretärin es nicht mehr schaffte, sie von ihrem Chef – und sei es Landrat, Minister oder Regierungspräsident – abzuschirmen. Sie war ekelhaft penetrant. Und wenn die hohen Herren nicht nach ihrer

Pfeife sprangen, dann sorgte sie dafür, dass sie ein Mittel in die Hand bekam, damit sie es tun mussten! Es gibt ein einfaches Wort dafür: Erpressung."

Konnte es sein, dass ich mit Gerlinde über 30 Jahre im selben Ort verbracht und nichts, aber rein gar nichts von ihren Machenschaften mitbekommen hatte?

Die Fremde sprach weiter im Flüsterton und blickte des Öfteren über ihre Schulter. Sollten etwa einige von Gerlindes Geschädigten hier sein?

Es blieb nicht bei dieser Offenbarung, denn es hatten viele das Bedürfnis mit mir zu sprechen. Ich brachte bald nur noch „Wirklich war?" oder „Interessant!" heraus. Es wurde offensichtlich, wie wichtig es war, diesen Fall bald aufzuklären; hier wurden zu viele für den Mörder gehalten.

Ich drängte mich durch die Menge zu Joachim und flüsterte ihm zu: „Du Schatz, sei nicht böse, aber ich gehe lieber ins Alte Schulhaus einen Kaffee trinken. Hol mich doch dann bitte dort ab."

Im Café bat ich um einen Cappuccino und um etwas zu schreiben. Es waren mir so unglaubliche Dinge in der letzten Stunde erzählt worden, davon musste ich mir unbedingt Notizen machen. Wie facettenreich eine einzige Person doch sein konnte!

Was mich ebenso verwunderte: dass wirklich niemand zu finden war, der einen Mord in Frage stellte. Interessanterweise ging hier jeder davon aus. Ich fragte mich nur: Wenn es so viele potenzielle Mörder gab, warum hatte es so lange gedauert, bis Gerlinde endlich das Licht ausgepustet wurde ...

Ich begann ein Gespräch mit der Bedienung. Es tat gut wieder einmal über etwas anderes zu reden als über Gerlinde. Das war wohl ihre späte Rache, wie sehr sie mich und den ganzen Ort selbst nach ihrem Tod beschäftigte ... Sie wäre mit sich selber sicher wieder einmal sehr zufrieden gewesen!

Es dauert lange, bis Joachim ins Café kam. So hatte ich Zeit, meine Notizen durchzulesen. Ich verstand es einfach nicht. Da war ich in Flehingen geboren und aufgewachsen, hatte zeitlebens dort gewohnt und schien die wahre Gerlinde nicht zu kennen. Aber anscheinend ging es nicht nur mir so. Immerhin hatte man sie immer wieder in den Gemeinderat gewählt.

Dabei galt sie als Kind schon als zänkisch und frech. Eine natürliche Schönheit soll sie mit ihren damals noch schwarzen Haaren auch nicht gewesen sein. Später trug sie die Haare rot gefärbt; sie hatten weithin wie ein Warnsignal geleuchtet. Dass die Männer sich so sehr für sie interessierten, war wohl ihrer Bereitschaft geschuldet, immer und überall die Beine breit zu machen.

Immer wieder schüttelte ich meinen Kopf: So etwas bei uns hier auf dem Lande! Offiziell sollen ja alle vier Kinder von ihrem Ehemann gewesen sein. Meine Nachbarschaft behauptete da aber vehement etwas anderes. Lediglich die Nummer 3 war von ihm. Der Rest – lauter Kuckuckskinder.

„Nun, das reicht doch wohl für eine Handvoll Motive aus. Ganz zu schweigen, wie sie mit ihren Anzeigen und Verleumdungen den Menschen das Leben schwer machte.

Wenn das auch noch mit der Erpresserei stimmte, da kann es doch nur Mord sein!", brummelte ich vor mich hin.

Vielleicht sollte ich nochmals meine Liste überarbeiten: Mit wem und warum hat Gerlinde im Klinsch gelegen? Und: Wer hat sie wirklich gemocht? Diese Liste würde eindeutig kürzer ausfallen.

Durch die Fenster des Alten Schulhauses fielen die Strahlen der Herbstsonne. Draußen blühten die Astern vor der Vinothek mit den letzten Rosen des Derdinger Züchters um die Wette. „War nicht eine Züchtung von ihm gar von der schwedischen Prinzessin Victoria getauft worden?", schoss es mir durch den Kopf. Das Herbstlaub leuchtete in all seiner Pracht und stahl den orangefarbenen Kürbissen die Schau. Wie sollte ich bei solch wundervollem Ausblick an das Schlechte dieser Welt denken können?

In meiner Verzweiflung darüber, dass ich auf der Suche nach Gerlindes Mörder nicht weiterkam, begab ich mich zum Tatort: in die Tiefen des Weinkellers. Der Duft von weingetränkten Eichenfässern stieg mir angenehm in die Nase. Fahl fiel das Licht durch die kleinen Fensteröffnungen am oberen Rand des Gewölbes. Elektrisches Licht war hier Fehlanzeige. Auf einem Tisch neben dem Eingang lagen genügend Kerzen. Sie dienten nicht nur als Lichtquelle, sondern auch als Absicherung besonderer Art. Eine Vorsichtsmaßnahme, an die sich Gerlinde wohl nicht gehalten hatte. Denn genau da, wo die Kerze wegen Sauerstoffmangels aufhörte zu brennen, da blieb auch jedem Lebewesen quasi die Luft weg – und sein Lebenslicht erlosch.

Die alte Frau Rettinger hatte mir oft schon vom Dackel ihres verstorbenen Mannes erzählt: Freudestrahlend war das liebe Tierchen mit einem Spielball zu seinem Herrchen in den Keller gesprungen. Die Kerzen oben auf den Weinfässern hatten lustig geflackert. Doch dem lieben Waldi half das nichts. Denn sein Ball war unter eines der Eichenfäser gerollt, dorthin, wo sich das Kohlendioxyd zu erst sammelt. Es war ein leiser Tod gewesen und niemand hatte ihm helfen können ohne sich selber in Gefahr zu bringen. Seit diesem traurigen Ereignis stellte die alte Dame immer eine Kerze auch auf den Boden des Weinkellers.

Gedankenverloren strich ich über das glatte Holz der Barriquefässer. Samtrot, Schwarzriesling und Cabernet Sauvignon reiften hier unten. Ganz hinten, dort, wo ein Polizist mit Kreide Gerlinde umzeichnet hatte, lagerten Riesling und Grauburgunder aus dem Sickinger Humst. „Eigentlich ein schöner Ort zum Sterben", flüsterte mir jemand ins Ohr. Erschrocken fuhr ich herum.

„Herr Blankenfels! Haben Sie mich erschreckt. Ich möchte hier lieber lebend raus und woanders sterben. Und vor allem später ..."

„Entschuldigung!", meinte er lachend. „Wie der Wein wohl schmeckt?" Mit spitzbübischem Lächeln lief er über Gerlindes Umrisse hinweg zum Fass. Klopft und horchte. Schnupperte hingebungsvoll hier und daran und sah mich auffordernd an.

„Ich denke, Beamte dürfen im Dienst nichts trinken?", frotzelte ich.

„Ich muss doch sicherstellen, ob der Wein hier noch genießbar ist. Rein dienstlich, versteht sich“, antwortete er mit ernster Miene.

„Wenn dem so ist, möchte ich mich der Obrigkeit nicht in den Weg stellen.“ Schmunzelnd öffnete ich oben das Fass, steckte einen Weinschlauch hinein, nahm das andere Ende in den Mund, zog kurz daran, um flugs den hellen Rebensaft ins Weinglas fließen zu lassen. Genüsslich trank Blankenfels den Wein. „Mmh ... Ich weiß nicht so recht. Ich glaube, ich muss noch einen Schluck probieren.“

Ich schenkte ihm nach und goss mir selbst ein Gläschen ein. Natürlich war der Carbernt Sauvignon ein Gedicht oder besser gesagt: eine Sinfonie feiner Aromen. Wir wollten ja sicher gehen, dass er durch Gerlindes Ableben nicht auf irgendeine Art und Weise gelitten hatte. Das Gleiche galt für die anderen Fässer – Schwarzriesling und Samtrot. Ganz ausgezeichnet. Vom Weinbrand nicht zu reden, der auch hier unten lagerte. Eine Wucht.

„Was meinen Sie, Frau Leuchte, es scheint alles in bester Ordnung zu sein“, säuselte Blankenfels.

Ich überlegte, ob er oder ich leicht schwankte. Vielleicht war es der Kellerboden?

„Wie Gerlindes Tasche wohl unter das Barriquefass kam?“, fragte mich Blankenfels, an einer goldenen Riesling Spätlese nippend. „Laut Spurensicherung wurde sie sehr schwungvoll drunter gekickt. Gibt es in Flehingen eine Fußballmannschaft?“

„Kreisliga. Ganz oben“, antwortete ich stolz. „Gerlinde wurde doch aber im Endeffekt durch das Gas getötet –

und das spricht doch im klassischen Sinne für eine Frau als Täter. Oder nicht?" Ich sah Blankenfels über den Rand meines Weinglases an und bemerkte, wie so langsam der Wein sich meines Körpers bemächtigte.

„Das stimmt. Oder jemand, der im Chemieunterricht besonders gut aufgepasst hat. Da gibt es doch diesen alten Versuch mit der Kerze im Glaskolben? Gibt's eine Damenmannschaft?", fragt er.

„Oh ja, und was für eine! Ich glaube, Gerlinde war kein großer Fan von ihnen. Im Gegenteil, von den Mädels hätte bestimmt jede ein Motiv. Und einen sehr guten Schuss."

Ach, hörte das mit den Verdächtigen denn nie auf! Jetzt hatte ich noch elf Personen mehr auf meiner Liste. So langsam wurde es unübersichtlich.

Auch Blankenfels seufzte: „Zum Verzweifeln. So ein guter Tropfen und wir kommen keinen Schritt weiter."

„Wie wahr. Aber vielleicht haben wir uns noch nicht ausreichend mit der Materie auseinander gesetzt", meinte ich und schenkte uns beiden nach.

Das Licht der Kerzen flackerte munter an der Gewölbedecke; wie Geister huschte es über die Wand. Sollte Gerlindes Geist darunter sein, so würde er es sicher bedauern, dass sie unter und nicht im Fass gestorben war.

Wie ich an diesem Abend nach Hause kam, entzog sich erneut meiner Kenntnis.

6

Am nächsten Abend gewitterte es heftig. Ein Herbststurm pfiff um die Häuser und drohte die herbstliche Pracht hinweg zu fegen. Die Temperaturen fielen rapide. Joachim machte Feuer im Kamin. Das Licht der Flammen spielte auf seinem sorgenvollen Gesicht. Er schien um Jahre gealtert. Das lag nicht nur an den grauen Schläfen. Liebevoll strich ich darüber. Er zuckte zusammen.

Als er sich zu mir umdrehte, schien er wie ausgewechselt. Er lächelte, küsste mich rasch auf den Mund und zitierte sofort aus meinem Lieblingsgedicht von Sauter: „*Ich hab ein Weibchen – bräver gibt's im ganzen Lande keins. Ein Jeder, der's nur kennt, der liebt's und wünsch sich auch so eins.*“

Sollte ich bisher aufgrund seines Verhaltens nicht misstrauisch geworden sein, so war ich es spätestens jetzt. Joachim war schon immer ein schlechter Schauspieler gewesen. Es war offensichtlich, dass er etwas verbarg. Ich hatte nun drei Möglichkeiten: Entweder ich versuchte es aus ihm heraus zu quetschen, ihm selbst nachzuspionieren oder noch besser: Ich setzte erneut meine Freundin Emma auf ihn an.

Mein Biedermeierkleid nahm Gestalt an. Aus den alten Betttüchern wurde ein Traum aus Altrosa und Weiß. Mein alter Sonnenhut war nicht wieder zu erkennen. Mit den Schillerlocken sah ich einige Jahre jünger und dank des so engen Korsetts zehn Kilo leichter aus. Wie ich darin allerdings zwei Tage lang Gäste durch die Ausstellung des Heimatkreises führen, bewirten und eine Weinprobe halten sollte ohne ohnmächtig zu werden, war mir schleierhaft. Wie hieß es in der Biedermeierzeit so schön:

„Sei wie das Veilchen im Moose:
bescheiden, sittsam und rein –
und nicht wie die stolze Rose,
die immer bewundert will sein.“

Nun, Emanzipation war in diesem engen Korsett sowieso nicht möglich. Ich warf nochmals einen bewundernden Blick auf mein Spiegelbild im Spiegel, bevor ich mich wieder umzog.

Auf dem Küchentisch warteten noch einige unbeschriftete Fotografien auf mich. Der Heimatkreis hatte für die Sauter-Ausstellung Schulbilder gesammelt, welche noch beschriftet werden mussten. Natürlich war ich es gewesen, die wieder einmal vorgeschlagen hatte, nach den Namen der Kinder zu forschen, um sie aufzuschreiben – und so blieb diese Aufgabe dann auch an mir hängen.

Ich zog durch die Gemeinde, besuchte die älteren Einwohner und bat um ihre Mithilfe. Heute Nachmittag traf ich mich mit Frau Berg. Die alte Dame hatte einfach ein phänomenales Gedächtnis und vor allem gute Augen. Denn was half mir das beste Gedächtnis, wenn man die Personen auf den Bildern nicht mehr richtig erkennen konnte?

Frau Berg wohnte im alten Pfarrhaus. Es war wunderschön im Landhausstil eingerichtet. Überall waren mit Blumen übersäte Kissen und Gardinen, dazwischen zierliche Biedermeiermöbel. Allenthalben fanden sich Relikte aus der guten alten Zeit. Es glich einem kleinen Heimatmuseum. In den Regalen standen Fotoalben, aus denen sie mir ein um das andere Bild zum Abscannen reichte. Zu gerne hätte ich mir die komplette Sammlung angesehen, aber Frau Berg hütete die Bilder wie einen Schatz. Ich verbrachte den ganzen Nachmittag bei ihr.

Ihr Vater war einst Schulmeister in Flehingen gewesen und hatte auch für das regionale Tageblatt geschrieben. Über den alten Schulmeister Sauter hatte er seiner Zeit alles gesammelt.

Frau Berg hatte uns alles kopiert und zeigte mir nun stolz ihr Werk. Wir tranken Tee, beschrifteten ein paar Bilder und plauderten munter über die alte Zeit.

Unbewusst erzählte ich ihr, was man mir bei der Demo in Derdingen über Gerlinde berichtet hatte.

Frau Berg nickte und meinte: „Es ist einiges wahr davon – und im Rest steckt immerhin ein wahrer Kern. Glauben Sie mir.“ Sie stand auf und ging zu einem Bücherregal, in dem sich sämtliche Zeitungsausschnitte, die jemals über Flehingen und Sickingen geschrieben wurden, befanden. Sie suchte, schien aber das Gewünschte nicht zu finden.

„Mmh, ich weiß doch, dass es da etwas gab. Es tut mir leid, Frau Leuchte, aber ich finde es einfach nicht auf die Schnelle."

Ich wollte zu gerne nachfragen, worum es sich handle, aber sie wirkte wie ein Fuchs auf der Jagd, den man nicht stören sollte. Die eine Hand hatte sie auf ihren Stock gestützt und mit der anderen glitt sie über die Ordner. Dabei murmelte sie vor sich hin. Fast klang es wie ein Zauberspruch. Ihr Rücken war dabei straff gespannt und drückte eine Entschlossenheit aus, die mich schweigen ließ.

Auf einmal seufzte sie auf und die Spannung in ihrem Körper ließ nach. Müde drehte sie sich zu mir um. „Bitte verzeihen Sie mir, aber ich bin wohl etwas erschöpft. Doch bis zum Fest habe ich den Artikel gefunden." Aus ihren alten Augen leuchtete trotz der Anstrengung der letzten Stunden das Jagdfieber. Ein Blick auf die Uhr sagte mir, dass es Zeit wurde meine beiden Jüngsten aus dem Kindergarten zu holen.

Die Erzieherinnen schienen über meinen Anblick nicht sehr erfreut zu sein. „Oh, Frau Leuchte, Sie sind schon da", stammelte Frau Meindel.

„Schon gut", antwortete ich erstaunt. „Eher kurz vor knapp würde ich sagen." Fragend sah ich Frau Meindel rasch in Richtung Büro verschwinden.

Ganz langsam stieg es in mir empor. Das Gefühl, das jede Mutter kennt, wenn sich zuerst der Magen zusammenkrampft, das Blut anfängt durch die Adern zu rasen und das Herz so wild klopft, dass man glaubt, es würde nun sofort und auf der Stelle aus dem Körper springen. Das Gehirn erspinnt schon einmal sämtliche Katastrophen und die dazugehörigen Notfallpläne. „Was ist schon wieder passiert?“, fragte ich möglichst ruhig. Nur jetzt nicht in Panik geraten. Ganz ruhig bleiben.

Von Frau Meindel konnte ich keine Antwort erwarten, also versuchte ich es nochmals etwas lauter. Gerade so, dass man es im Nachbarort hören konnte. Ich hatte das Gefühl, kurz vor einer Panikattacke zu stehen. Endlich kam Frau Silbermond, die dienstälteste Erzieherin. Auf ihrem Schoß hatten schon etliche Generationen von Flehinger Kindern gesessen. Dazu hatte auch ich gehört. Bei ihrem Anblick fühlte ich mich gleich geborgen. Mein Puls verlangsamte sich. Mein Herz blieb, wo es war, und mein Magen entspannte sich kurzzeitig.

„Hallo, Frau Leuchte. Es tut mir leid, aber wie es aussieht, sind uns ihre beiden Mädchen wieder einmal ausgebüchst. Zuerst dachten wir, sie haben sich wieder versteckt, doch wir haben wirklich alles abgesucht. Sie sind leider nicht zu finden. Wir haben extra wegen der beiden Ausreißerinnen sämtliche Türen abgeschlossen. Wir haben gehofft, dass Sie die beiden vielleicht schon abgeholt haben und niemand von uns das bemerkt hat“, erklärte sie mir in ihrer ruhigen sanften Art. Die Falten auf ihrer Stirn bereiteten mir jedoch Sorgen. Waren meine Gören tatsächlich ausgerückt?

„Ich war nicht zu Hause. Vielleicht warten sie dort schon auf mich“, entschuldigte ich mich. Es war mir peinlich, zwei solche Ausreißerinnen zu haben. Wo sie sich doch im Kindergarten alle Mühe gaben!

„Bitte, geben Sie uns Bescheid, wenn die beiden zu Hause sind", rief mir Frau Silbermond nach.

„Selbstverständlich", versicherte ich und machte die Tür zu. Da war es wieder, dieses Gefühl, das langsam vom Magen aufstieg und alles zum Rasen brachte. Dieses ungute Gefühl zu wissen, dass hier etwas nicht stimmte.

Mit quietschenden Reifen raste ich um die Ecke zum Senselberg hinauf, stürmte ums Haus und tatsächlich – sie waren nicht da. Weder im Garten noch auf der Terrasse noch im Haus. Ich rief ihre Namen, aber ich bekam keine Antwort. Oder besser gesagt, nicht die, die ich hören wollte. „Frau Leuchte, ihre Kinder sind nicht da", rief mir Frau Braun über die Hecke zu.

„Sind Sie sicher? Im Kindergarten sind sie anscheinend wieder ausgebüchst", erklärte ich. Wenn meine Kinder hier irgendwo waren, Frau Braun würde es wissen.

Joachim kam, von meinem Rufen angelockt, aus seinem Gartenhäuschen. „Ist was passiert oder warum machst du solch einen Lärm?", fragte er mürrisch.

„Als ich die Kinder im Kindergarten abholen wollte, waren sie nicht mehr da", erklärte ich schnell.

Joachim wurde kreidebleich und rannte wortlos ins Haus. Was war denn nun schon wieder los? „Joachim, was machst du?", rief ich ihm nach und begann ebenfalls in Richtung Haus zu rennen.

„Ich rufe die Polizei", schallte es aus dem Haus zurück.

Joachim wühlte in meiner Schreibtischschublade herum. „Wo ist die blöde Nummer, Andrea!“, schrie er. „Wo hast du die Telefonnummer von diesem Blankenfels?“

Ich sah mit Entsetzen, wie der Inhalt der Schublade auf den Boden flog. Das Gleiche geschah mit den Dingen, die auf dem Schreibtisch lagen.

„Bist du wahnsinnig? Räumst du mir das auch wieder auf? Die Telefonnummer ist da, wo sie hingehört, und zwar im Telefonregister“, herrschte ich ihn an.

„Und wo ist das?“ Joachim rannte zum Telefon.

„Stopp!“, rief ich ihm hinterher. „Ich gebe dir ja die Nummer, wenn du mir jetzt endlich sagst, was hier eigentlich die ganze Zeit los ist!“, rief ich zornig.

„Ich bin schuld, verstehst du das denn nicht?“ Joachim stand da wie ein begossener Pudel und schluchzte.

„An was bist du schuld?“, wollte ich ungeduldig wissen. Was war mit diesem Mann los?

„Dass die Kinder verschwunden sind. Verstehst du das denn nicht?“ Joachim riss mir die Telefonnummer aus der Hand und verschwand mit ihr und dem Telefon.

Aus Joachim war kein Wort mehr herauszubringen. Er lief nur immer wieder im Kreis durchs Wohnzimmer und brummelte vor sich. „Wie konnte ich nur? Ich bin schuld. Ich allein!“

Ich hatte immerhin so viel in Erfahrung gebracht, dass Blankenfels so schnell wie möglich vorbeikommen würde. Also versuchte ich die Zeit zu nutzen und rief bei meinen Eltern, Bekannten und allen möglichen Leuten an, bei denen die Kinder eventuell stecken könnten. Nichts.

Endlich klingelte es an der Haustür. Joachim rannte an mir vorbei und riss sie auf. „Endlich, kommen Sie herein!“ Er schnappte Blankenfels am Arm und zog ihn ins Haus. „Ich hoffe, es hat Sie niemand gesehen. Ich soll doch keine Polizei einschalten“, flüsterte er erregt. Joachim rannte von Fenster zu Fenster und spähte vorsichtig hinaus. Es fehlte gerade noch, dass er den Rolladen herunterließ.

Blankenfels sah mich fragend an.

Doch ich konnte nur mit den Schultern zucken. „Unsere Mädchen sind aus dem Kindergarten verschwunden und niemand weiß, wo sie sind. Ich wollte sie suchen gehen, aber Joachim sagte immer nur, es sei seine Schuld und es habe keinen Zweck“, versuchte ich zu erklären.

Blankenfels ging mit Joachim ins Wohnzimmer, drückte ihn auf die Couch und meinte: „So, nun einmal ganz ruhig. Was ist passiert? Ihnen verbietet jemand die Polizei anzurufen? Was soll das heißen? Werden Sie erpresst?“

Joachim schluchzte auf. Ich hatte meinen Mann noch nie so verzweifelt erlebt. Sonst war er ein Bär. Wäre die Situation nicht so furchtbar gewesen, ich hätte ihn direkt süß gefunden. Aber so musste ich mich erst einmal setzen, denn dieses dumpfe Gefühl sagte mir, dass es besser wäre, mich ruhig zu verhalten.

Joachim holte tief Luft und fing mit einer gefassten Stimme zu erzählen an. „Es hat mit dieser Sache am Tauchstein zu tun. Nachdem ich aus dem Krankenhaus entlassen worden war, bekam ich immer wieder Anrufe. Man drohte, dass mir und meiner Familie etwas zustoße, sobald ich der Polizei erzählen würde, was ich dort gesehen hätte.

Ich habe denen dann immer wieder versichert, dass ich nichts gesehen hatte. Was denn auch? Ich wurde ja schließlich von hinten niedergeschlagen. Außerdem hatte ich nur Augen für meine Ausgrabungen und meinen römischen Fund. Können die nicht verstehen, dass es nichts Umwerfenderes gibt als diese wunderbare kleine Skulptur des Herkules, die ich dort gefunden hatte? Ich habe versucht, denen das zu erklären. Sie ließen mich dann auch in Ruhe, bis das Gerücht im Ort aufkam, ich hätte den und jenen gesehen. Zuerst bekam ich einen Anruf, ich solle meine Anzeige bei der Polizei zurücknehmen. Ich fragte nach – was für eine Anzeige? Da lachte mich derjenige aus und meinte, ich solle mich nicht so dumm anstellen. Ich hätte doch den jungen Ravinic angezeigt. Ich sagte, das sei dummes Geschwätz, denn ich kenne niemanden, der so heißt. Zwei Tage später bekam ich einen Drohbrief. In diesem stand, wenn ich weiterhin mit der Polizei zusammenarbeite und meine Klappe nicht halte, würde ich das bitter bereuen, denn dann würden sie den Mädchen etwas antun. Verstehst du, Andrea? Unsere Mädchen, sie haben sie entführt!"

Joachim sank in sich zusammen. Blankenfels setzte sich zu ihm: „Das ist noch nicht bewiesen, Herr Leuchte. Haben Sie diesen Drohbrief noch?"

Joachim nickte und stand wortlos auf. Er ging in den Garten zu seinem Häuschen.

In der Zwischenzeit sah mich Blankenfels an und fragte: „Wie lange sind die Kinder schon weg? Haben Sie nach ihnen gesucht?"

Ich versuchte ihm die letzte halbe Stunde seit meinem Weggang vom Kindergarten minutiös zu schildern. Inzwischen war Joachim aus der Laube zurück. Er gab Blankenfels einen Fetzen Papier. Das sollte ein Drohbrief sein? Ich hatte ein blütenweißes Blatt Papier, mit Zeitungsschnipseln beklebt, erwartet. Aber das war ein dreckiges Etwas, das mit einem Gekritzel beschmiert war. Blankenfels roch an dem Brief und zog rümpfend die Nase. Er zückte sein Handy, ging in die Küche und telefonierte dort. Das gefiel mir gar nicht, denn so bekam ich wieder einmal nicht mit, worum es ging.

Joachim stand zitternd vor mir, wie ein Schuljunge vor dem Lehrer, der erwartet, eine Tracht Prügel zu bekommen. „Schatz, ich wollte euch nicht in Gefahr bringen. Glaube mir“, stotterte er.

„Das glaub ich dir, Hase. Aber warum hast du mir denn nichts gesagt? – Wo bleibt der denn?“ Ungeduldig lief Joachim wieder seine Runden um den Wohnzimmertisch.

Endlich kam Blankenfels aus der Küche zurück. Ernst schaute er uns beide an. Dann fragte er: „Gibt es sonst noch etwas, das Sie mir verheimlichen?“

Ich schluckte, wurde blass und rief: „Meine Freundin hat ein Verhältnis mit dem Bürgermeister!“

So, jetzt war es raus.

Blankenfels lachte hell auf: „Das mag ja die Damen des Ortes interessieren, aber für unsere Ermittlungen ist das wohl kaum von Belang.“

Irritiert sah ich ihn an. Was war daran uninteressant? Ich setzte nach: „Vielleicht muss ich mich klarer ausdrücken.

Weil sie dieses Verhältnis hat, hat sie ein Alibi für Bernd Schmieder. Das möchte sie aber nicht sagen, damit ihre Liaison mit dem Bürgermeister nicht an die Öffentlichkeit kommt".

„Was hat Emma?" Joachim war baff.

Ich war genervt. Meine Kinder waren verschwunden und ich musste das Liebesleben meiner etwas freizügigen Freundin erklären.

„Sie sagt, sie liebt ihn!", fauchte ich Joachim an.

„Einen Moment. Nun einmal ganz von vorne. Ihre Freundin hat ein Verhältnis, was sie ja gerne haben darf. Warum aber hat sie dieses Alibi ... und warum erfahre ich das erst jetzt?" Blankenfels sah mir bei seiner Frage tief in die Augen. Sein ernster Ausdruck gefiel mir ganz und gar nicht. „Also, das war so: Sie traf sich an diesem fraglichen Abend mit dem Bürgermeister zu einem Schäferstündchen in der Scheune. Dabei stellten sie fest, dass Bernd dort im Heu lag. Der schlief bereits seinen Alkohol-Rausch aus und nichts in der Welt konnte ihn wecken", versuchte ich mich so klar wie möglich auszudrücken.

„Und warum sagt sie das erst jetzt? Dieser Bernd sitzt womöglich unschuldig in U-Haft!" Blankenfels schien zum ersten Mal die Geduld mit mir zu verlieren.

„Weil sie eine verheiratete Frau ist", antwortete ich und rannte in die Küche. Es war nun ganz eindeutig an der Zeit einen Kaffee zu kochen. (Haben Sie doch auch schon drauf gewartet, oder?) Aber Halt, Halt! Was für ein Gerede über amouröse Abenteuer. Was war mit unseren Kindern? Ich fragte Blankenfels, was er nun unternehmen würde.

„Das Einsatzkommando ist alarmiert. Eigentlich müsste schon jemand da sein, um ein Bild der Kinder abzuholen. Eine Beschreibung habe ich bereits durchgegeben. Ich habe die beiden ja schon mehrmals gesehen. Lediglich was sie trugen, als Sie sie in den Kindergarten brachten, müssen Sie mir noch sagen. Die Fahndung ist eingeleitet. Was den Drohbrief betrifft, der geht zur Kripo nach Karlsruhe. Und zu diesem Ravinic sind die Kollegen auch auf dem Weg, um den Jungen zu verhören. Diesen Burschen gibt es nämlich wirklich. Ich weiß, es ist furchtbar für Sie hier zu sein und nichts unternehmen zu können, aber es bleibt Ihnen leider nichts anderes übrig. Oder gibt es noch eine Person, die Sie noch nicht angerufen haben, oder einen Platz, an dem Ihre Kinder sein könnten, den Sie noch nicht kontrolliert haben?", fragte Blankenfels besorgt.

Ich fühlte mich hundeelend. „Ich bin noch nicht dazu gekommen nach meinen Mädchen zu suchen", schluchzte ich. „Aber mein Mann war sofort fest davon überzeugt, dass sie entführt worden sind ..."

Blankenfels nickte stumm. „Das verstehe ich. Meine Kollegen sind gleich da und dann fahren wir beide die Gegend ab. Versprochen, wir finden Ihre Kinder."

Kurz darauf saß ich bei Blankenfels im Auto. Doch egal, welchen Spielplatz wir absuchten – nirgends waren unsere Mädchen. Bei keiner Freundin und auch sonst hatte niemand sie gesehen. Der ganze Ort war innerhalb einer Stunde in Aufruhr, jeder Stein wurde bei der Suche nach den beiden umgedreht.

Bei unserer Rückkehr saß Emma im Wohnzimmer und telefonierte sich die Finger wund. Doch auch sie hatte keinen Erfolg. Als sie Blankenfels sah, rutschte sie unruhig auf ihrem Stuhl hin und her.

„Frau Leuchte, dürfte ich kurz mit Ihrer Freundin alleine sprechen?“, fragte mich Blankenfels anstandshalber. Es kam eher einer Aufforderung als einer Bitte gleich.

Emma folgte ihm wortlos in die Küche und schon wieder flog vor meiner Nase eine Tür zu. Doch im Moment war mir das gleichgültig, mich interessierte nur der Aufenthaltsort meiner Kinder. Das Telefon läutete pausenlos. Jedes Mal hegte ich die Hoffnung, sie könnten es sein. Oder zumindest die Entführer und ich wüsste, dass sie noch am Leben waren! Der Polizist, der das Telefon unter seiner Obhut hatte, war aber nur damit beschäftigt, neugierige Anrufer abzuwimmeln.

Irgendwann kam Emma niedergeschlagen aus der Küche zurück. Blankenfels verabschiedete sich und versprach, am Abend nochmals vorbei zu kommen.

„War es sehr schlimm?“, fragte ich Emma.

„Es gibt Schlimmeres. Wie zum Beispiel das Verschwinden deiner Kinder. Andrea, wenn ich dir irgendwie helfen kann, dann sage es mir. Ich würde nur gerne kurz Thorsten anrufen, damit er Bescheid weiß, dass Blankenfels demnächst bei ihm im Rathaus auftaucht“, meinte Emma.

Wortlos nickte ich und ging in das Kinderzimmer. Vielleicht fand ich dort etwas, was uns weiterhelfen könnte. Nur wusste ich gar nicht, wonach ich suchen sollte. Aber ich musste unbedingt etwas tun!

Ein letzter Sonnenstrahl fiel auf eines der Kinderbetten, als ich meine Suche aufgab. Mit einer Puppe im Arm ging ich nach unten. Blankenfels kam gerade durch die Terrassentür.

„Schon etwas Neues?", fragte ich ihn hoffnungsvoll.

Er schüttelte den Kopf. „Sie hätten nicht zufällig eine Tasse Kaffee für mich?"; dabei schwenkte er melancholisch eine Tüte, die nach frischen (na, was?) roch. „Schon etwas spät dafür, ich weiß ..."

Wir gingen zu Joachim in die Küche. Der saß zusammengesunken im Dunkeln an unserem großen Küchentisch. „Guten Abend, Herr Leuchte. Nun einmal Kopf hoch. Wir haben Dank Ihres Hinweises die Drogendealer geschnappt! Wie es aussieht, haben die Ihre Kinder aber nicht entführt. Ich schätze, dazu sind diese, sagen wir mal Kleinkriminellen, gar nicht in der Lage. Kleine Jungs mit großem Mundwerk, sonst nichts", meinte Blankenfels aufmunternd.

„Aber wo sind sie dann?", fragte ich ängstlich. Blankenfels zuckte mit den Schultern, schnappte sich eine Schneckennudel und bot Joachim auch eine an. Schweigend versanken wir in unsere Tassen.

Von weitem drang der Lärm einer Polizeisirene. Ein Polizeiauto hielt mit Blaulicht vor dem Haus. Wir stürmten gleichzeitig zur Haustüre. Ich konnte es nicht fassen: Im Auto saßen, kleinlaut und zerknirscht, unsere Lieblinge!

Mit tränenüberströmtem Gesicht schlossen wir sie in die Arme. „Wo wart ihr nur?", fragte ich sie immer wieder. Hauptsache, ich konnte sie in meine Arme schließen.

Wir weinten vor lauter Freude, dass sogar der Nachbarshund das Heulen anfing. Wir mussten lachen. Der arme Hund verstand die Welt nicht mehr.

„Nun aber raus mit der Sprache: Wo wart ihr?“, fragte ich nochmal. Die Kinderaugen blickten zu Boden.

„Beim Bauer Hämmerle waren sie“, meinte der Polizist, der sie mit Blaulicht gebracht hatte.

„Bei Hämmerles seid ihr gewesen? Wieso das denn?“ Ich war platt.

Louisa schluchzte: „Im Kindergarten war's so doof. Da wollten wir zu den kleinen Kälbchen gehen. Frau Hämmerle hat doch gesagt, wir können immer kommen, wann wir wollen.“

Ich nahm Louisa in den Arm: „Aber Schätzchen, dann musst du doch zuerst Frau Silbermond Bescheid geben. Ihr könnt euch doch nicht einfach davonschleichen! Im Kindergarten hat man sich schreckliche Sorgen um euch gemacht. Ganz zu schweigen von Mama und Papa. Schaut, wir haben sogar die Polizei eingeschaltet. Der ganze Ort sucht nach euch.“

Louisa zog ihr kleines Näschen kraus. „Wirklich?“

„Aber natürlich“, antwortete Joachim und nahm Anna zu sich auf den Schoß. „Mal davon abgesehen, dass der Weg zu Hämmerles ziemlich weit ist. Habt ihr keine Angst gehabt?“, fragte Joachim mit gespielt finsterer Miene.

„Nö“, meinten die beiden wie aus einem Mund. (Meine Töchter, die emanzipierte Generation!)

„Sie müssen aber wohl doch von dem langen Weg müde gewesen sein. Frau Hämmerle hat sie nämlich schlafend im Stroh entdeckt, als sie die Kälbchen füttern wollte. Ihr Mann rief dann bei uns an. Es war ihm eigentlich ziemlich peinlich, aber er meinte, bei Leuchtes wäre das Telefon ständig besetzt gewesen", erklärte der Polizist.

„Ich dachte mir, sie mit Blaulicht heimzufahren, das sei vielleicht eine einschüchternde Lektion für die Zukunft", meinte der Mann schmunzelnd.

„Also, ich fand's toll", freute sich die kleine Anna.

So viel zum Thema: Wie erziehe ich meine Kinder ...

Als das Haus sich geleert hatte, die Kinder gründlich in der Badewanne geschrubbt und zu Bett gebracht waren, hatten Joachim und ich viel zu bereden.

7

„Fester!“, presste ich mit letztem Atemzug aus mir heraus. Dabei hielt ich mich krampfhaft am Türrahmen fest.

„Nicht so fest, mir wird ganz schwindelig“, hauchte ich einen Atemzug später. Wer schön sein will, muss leiden; was dieser Spruch bedeutete, erfuhr ich gerade am eigenen Körper: Emma war damit beschäftigt, mir für das Sauter-Fest mein Korsett zu schnüren. Darin hätt ich ja ohnehin schon kaum Luft holen können; doch beim Anblick im Spiegel stockte mir der Atem vollends: Ich sah umwerfend in meinem Kleid aus! Diese Taille, das Dekolleté. Wahnsinn! Leichtfüßig wie eine Elfe, versuchte ich durchs Haus zu schweben ... und blieb dabei gleich überall hängen. Und erst das Auto.

„Da kommst du nicht rein“, bemerkte Emma. Neidisch sah ich auf ihr Kleid. Sie hatte sich als badische Bauersfrau um 1836 verkleidet und trug weder Korsett noch einen weiten Reifrock. Eindeutig bequemer, aber ich sah besser aus.

„Tja, dann werd ich wohl zur Schlossgartenhalle schweben müssen. – Wenn ich um meinen Schirm bitten dürfte? Meine edle Blässe, du verstehst“, hauchte ich theatralisch in Emmas Richtung und schwebte los.

Gab es denn Schöneres als die bewundernden Blicke der Männer zu spüren? Das neidische Lästern ihrer Frauen? Joachim verschlug es bei meinem Anblick die Sprache. Oh, konnte das Leben schön sein! Behilflich würde ich hier bei den Aufbauarbeiten zum Fest nicht sein, denn so schön wie die Damen in ihren weiten Ballroben aussahen ... darin arbeiten oder sich länger bewegen ohne in Ohnmacht zu fallen, das ging ganz und gar nicht. Ich würde es bestimmt nicht mal schaffen, darin einen Walzer durchzustehen.

Also faltete ich artig Programmheftchen, gab höflich Auskunft über dies und jenes und lächelte lieblich und tugendhaft vor mich hin.

Die Schlossgartenhalle füllte sich und bald war sie bis auf den letzten Platz belegt. Unsere alte Dorfschullehrerin Frau Kelter trug zusammen mit Herrn Gabriel Gedichte von Sauter vor. Dazwischen wurde vom Weingut Rettinger der neue Jahrgang aus dem Sickinger Humst vorgestellt.

Nach dem Festakt spielte der Musikverein zum Tanz auf und der gemütliche Teil des Abends begann. Ich versuchte mich schließlich doch an einem langsamen Walzer und siehe da, es funktionierte sogar.

Außer Wein floss auch „Moscht" in Strömen und der hob merklich die Stimmung der Gäste. – Wo es angefangen hat, weiß wohl keiner mehr so recht. Urplötzlich wurde jedenfalls immer lauter und heftiger diskutiert. Gegner und Befürworter des Schwefelbades gingen mit Worten äußerst heftig aufeinander los. In dieser Situation ertönte das Badnerlied. Es riss alle von den Stühlen. Lauthals wurde mitgesungen, auf dass man es bloß auch drüben im Ländle hören möge. Die Stimmung im Saal war kurz vor dem Siedepunkt. Ich betete still und leise, der Musikverein werde nicht alle Strophen des Badnerliedes spielen, denn mit jeder Strophe hatte ich das Gefühl, einer Revolution näher zu kommen. Wir waren hier, um Sauter, dem Vater der Biedermeierzeit zu gedenken, und nicht der badischen Revolution ... Emma schaute auch schon ganz nervös in die Runde.

„Siehst du irgendwo den Bürgermeister?", fragte ich sie. Sie befürchtete, dass er heute noch den Heldentod sterben musste.

„Nein, ich glaube, er ist vorsichtshalber schon einmal aus der Halle raus", meinte Emma und knabberte an ihren Fingernägeln.

Sehr vernünftig. Seit der letzten Ortschaftsratsitzung vor zwei Wochen, im alten Flehinger, war es sowieso gefährlich für ihn in Flehingen. Wie konnte er auch nur erklären, dass er aufgrund knapper Kassen das sanierungsbedürftige Freibad in Flehingen schließen wollte.

Das Lied war zu Ende und noch bevor irgendjemand auf dumme Gedanken kommen konnte, stürmte Frau Kelter auf die Bühne, riss das Mikrofon an sich und las spontan Sauters „Friedliche Örtlein" vor.

„Sieh an, da hat Frau Kelter das Gleiche befürchtet wie du, Emma." Erleichtert setzten wir uns wie der Rest des Saales brav auf unsere Stühle. Es wurde still. Frau Kelter hatte Generationen von Kindern im Ort unterrichtet. Sie duldete keinen Widerspruch und war trotz ihrer Herzlichkeit eine ungeheure Respektsperson, der niemand zu widersprechen wagte. Geschweige denn hätte jemand ihren Gedichtvortrag durch irgendwelches revolutionäre Gehabe zu stören gewagt. „ ... von unserem Örtle, da zieh ich nicht aus. Ein eigenes Herdle, ein niedliches Haus, ist mehr wert, als Bürger in Baltimore sein. Aus Baden zu wandern, das fällt mir nicht ein." Aufgewühlt beendete Frau Kelter ihren Vortrag. Klappte ernergisch (wie einst das Klassenbuch) ihren Gedichtband zu und schritt, unter stürmendem Beifall, erhobenen Hauptes von der Bühne.

„Zu schade, ich hätte doch zu gerne gesehen, was passiert wäre ...", meinte urplötzlich Frau Berg hinter mir.

„Oh, guten Abend, Frau Berg. Ich habe Sie schon den ganzen Abend über vermisst", begrüßte ich die alte Dame herzlich.

„Das Rheuma. Da machen die alten Knochen eben, was sie wollen. Ich glaube, das Beste vom Abend habe ich soeben miterlebt. Und das auf meine alten Tage, ist das schön! Ich bin gespannt, was die Zeitung morgen darüber schreiben wird!", sagte sie spitz.

Nun, ich konnte mir schon vorstellen, was die schreiben würden: „Bürgermeister auf der Flucht", dick und fett, und darunter: „Kleines, mordlüsternes Dorf – erst die Ortschaftsrätin, dann der Bürgermeister ... und am Ende noch eine Revolution!"

Frau Berg erriet meine Gedanken. „Das wäre es doch! – Weshalb ich hier bin ... Ich habe nicht nur den einen Zeitungsartikel für Sie gefunden, da gab es noch einige mehr. Also: Dass die Gerlinde sich überhaupt noch im Ort hat blicken lassen können! Das ist mir völlig schleierhaft. Aber manche verstehen es eben. Es gibt halt Menschen, die hinterlassen bei ihrem Weggang eine Leere, eine nicht mehr zu schließende Lücke. Bei anderen (wie Gerlinde) verweht die Erinnerung mit dem ersten Wind, der die herbstlich gefärbten Blätter aufwirbelt und verweht, bevor im Winter der Schnee alles zudeckt."

Mit diesen lyrischen Worten gab sie mir einen großen Briefumschlag, worin einige Kopien von Zeitungsartikeln enthalten waren. Jetzt war ich hin- und hergerissen. Sollte ich in den stürmischen Beifall für Frau Kelter mit einstimmen und erst einmal diesen Abend zu Ende bringen oder doch besser meine Neugierde befriedigen und mir sofort draußen am Teich ein Plätzchen zum Lesen suchen?

Ach, tot ist tot ... und wenn der Mörder noch einen Tag länger frei herumläuft, was soll's? Die Stimmung war auf diesem Fest so einmalig, davon würden noch Generationen sprechen. Als Bernd Schmieder auf der Bildfläche erschien, war es für mich klar: Die Zeitungsausschnitte konnten warten. Emma gab sein Auftauchen jedenfalls den Rest; ihr schlechtes Gewissen in puncto Bernds Alibi meldete sich sofort. Ihre Reaktion, sich erst einmal einen klaren Kopf mit ein paar Gläsern „Moscht" zu verschaffen, war nicht besonders gut. Sicher, er schmeckt herrlich, diese badische Cidre-Variante, aber wenn man wie Emma nichts verträgt, sollte man es besser bei einem Glas belassen. Einen Rat, den sie leider nicht beherzigte. Im Handumdrehen war sie mehr als angeheitert. Als dann endlich ihr herzallerliebster Bürgermeister wieder in die Schlossgartenhalle zurückkehrte, war das Chaos vorprogrammiert.

Irgendein Idiot stand auf und begrüßte ihn: „Seht, der Herr Bürgermeister. Traut sich noch her, nachdem sie den Bernd unschuldig eingesperrt haben. Aber die Gerechtigkeit siegt eben."

Das war für Emma in ihrem Zustand zu viel. Sie zerrte den Bürgermeister auf die Bühne, schnappte sich ein Mikrophon und das Schicksal nahm seinen Lauf: Nach einer längeren Beschimpfung mit Wörtern, die man der nächsten Generation besser nicht weitergibt, fuhr sie fort: „Du ... (hier folgt eine längere Aneinanderreihung von teilweise nicht jugendfreien Betitelungen) und wenn du ihn für einen Sauschwob hältst, ich liebe ihn! Und dass ich ihn liebe, hat dem Bernd seinen verdammten Arsch gerettet. Wir beide hatten nämlich eine Verabredung in der Scheune, wo dieser versoffene Typ da unten seinen Rausch ausschlief. Dank uns hat er ein Alibi!"

Emma richtete sich auf, sah ihren völlig verdutzten Freund an, gab ihm einen Kuss und schrie ins Mikrofon: „So, jetzt wisst ihrs und könnt euch eure Mäuler darüber zerreißen."

Herrlich ...

Joachim brachte mir eine Tasse heißen Tee auf die Terrasse. Nach alledem, was noch in der Schlossgartenhalle passiert war, tat mir die nächtliche Herbstluft richtig gut.

Mensch, die Zeitungsartikel ... ich schnappte mir das Kuvert, das Frau Berg mir gegeben hatte.

Auch Joachim plagte die Neugierde und so lasen wir schließlich schweigend, nur unterbrochen von einzelnen kleinen schockierten Aufrufen über das Gelesene. Doch entweder war ich einfach zu müde oder es stand wirklich nichts Brauchbares darin. Weshalb hatte es Frau Berg für so wichtig gehalten? Es zeigte nur, wie schlecht und durchtrieben und immer auf den eigenen Vorteil bedacht Gerlinde tatsächlich gewesen war.

Ich seufzte müde: „Komm Joachim, sei ein Schatz und hilf mir aus diesem Kleid heraus. Ich möchte ins Bett." Nicht einmal das konnten die Frauen damals selber tun, wie furchtbar.

Joachim war da ganz anderer Meinung. Er hatte seinen Spaß daran, mich aus den Unmengen von Stoff und der Corsage zu befreien.

In dieser Nacht träumte ich nur blanken Unsinn. Samuel Friedrich Sauter trug Gedichte über Gerlinde vor. Meine Freundin tanzte währenddessen mit dem Bürgermeister im Rathaussaal und überall floss der Riesling in Strömen. Dazwischen die Gesichter der unterschiedlichsten Menschen. Ich grub Joachim aus irgendwelchen alten Keltengräbern aus, rannte mit meinem Biedermeierkleid hinter meinen Kindern her, die sich unter den Weinfässern im Weingut versteckten. Und überall sah ich die Fratze von Gerlinde dabei.

Gerädert lag ich am nächsten Morgen im Bett. Nur mühsam ordneten sich meine Gedanken. Ganz langsam durchflog ich noch einmal all das Geschehene der letzten

Wochen. Vom tödlichen Missgeschick bis zum gestrigen Abend.

Im Bademantel und einem starken Earl Grey (Kaffee, war heute Morgen nicht so das Richtige) ging ich nach draußen. Nebel lag noch auf dem Rasen und es fröstelte mich ein wenig. Doch ich setzte mich in den Liegestuhl, warf mir eine warme Decke über die Beine und las nochmals in aller Ruhe die Zeitungsartikel durch. Irgendetwas sagte mir: Hier liegt der Schlüssel. Hier finde ich das Motiv – und somit auch den Mörder. Ich las langsam und manche Stellen immer wieder – ergebnislos. Joachim stand müde in der Tür.

„Ich finde einfach nichts. Ich glaube, ich habe mich mit der ganzen Sache einfach übernommen", seufzte ich und hoffte auf ein paar erwärmende Worte meines Gatten.

„Das glaube ich nicht, du denkst einfach zu gut von den Menschen. Auch musst du dich in die damalige Zeit zurückversetzen", schlug Joachim vor.

„Wieso soll ich mich in die Zeit zurückversetzen? Was sind schon vierzig Jahre! Wir sind hier nicht bei den Kelten", rief ich ihm in die Küche nach.

„Vierzig Jahre sind dennoch eine lange Zeit", kam es aus der Küche. „Denk mal darüber nach, wie streng die moralischen Wertvorstellungen damals waren. Uneheliche Kinder, Mord und Totschlag hat es schon immer gegeben. Auch, wie damit umgegangen wurde, hat sich nicht so sehr verändert – aber die kleinen Dinge! Die Dinge, die man mit Moral anging. Was wäre passiert, wenn Emma vor vierzig Jahren betrunken auf die Bühne gegangen wäre, den Bürgermeister geküsst und allen erklärt hätte, dass sie ihn liebt? Als verheiratete Frau!“, meinte Joachim.

„Du, vielleicht hast Recht“, rief ich. „Ja, ich muss umdenken. Verletzlich sein – wie der Mörder es war, als Gerlinde ihm zusetzte.“

Zusammen lasen wir noch einmal alle Artikel durch. Ich versuchte mich in die geächtete Lehrerin hineinzuversetzen. Ebenfalls eine schlimme Sache, damals. Soviel ich wusste, wurde sie versetzt, lernte ihren Mann kennen, wurde später sogar Rektorin und hatte sich im Großen und Ganzen in ihrer Lebenssituation verbessert. Also kein Grund, nach all den Jahren einen Mord zu begehen.

Oder der Kaufmann, dem Gerlinde unterstellt hatte, dass er seine Waage manipuliert hatte ... Schlimme Sache, nur stellte es sich heraus, dass die Waage zu Gunsten der Kunden wog. Abgesehen davon, war der Kaufmann in der Zwischenzeit verstorben, die Erben hatten den Laden an eine große Lebensmittelkette verkauft und waren nach Spanien gezogen.

Ganz anders sah es da bei dem Fuhrunternehmer Sailer aus, dem Gerlinde die Polizei auf den Pelz gehetzt hatte. Er musste sogar für drei Monate ins Gefängnis.

„Du Joachim, war der Seiler am fraglichen Abend im Weingut?“, fragte ich Joachim.

„Kann nicht sein. Der macht doch gerade eine Weltreise. Ich glaube, da war er schon weg. Außerdem hat er sich sowieso bei jeder Gelegenheit an Gerlinde gerächt; ich glaube nicht, dass sein Zorn noch so groß war, dass es für einen Mord gereicht hätte“, meinte Joachim und vergrub sich in den nächsten Artikel. Es waren wahrlich viele, in denen die liebe Gerlinde auftauchte.

„Da schau, Joachim, hier gibt sie sogar zu, ein uneheliches Kind zu bekommen und erzählt, dass der Vater nicht dazu stehen würde. Stell dir das vor! Jeder würde es vertuschen – sie aber nicht." Ich las ihm den Artikel laut vor. Leider war der Reporter äußerst vorsichtig beim Beschreiben der Details und so fand ich natürlich auch keinen Namen des vermeintlichen Vaters. Langsam sah ich über den Zeitungsartikel hoch. In mir stieg erneut dieses eigenartige Gefühl hoch. Mein Magen krampfte sich wieder zusammen und mein Puls beschleunigte dermaßen, dass ich kaum in der Lage war, die Telefonnummer von Frau Berg zu wählen. Ich hoffte inständig, dass sie auch zuhause war und an das Telefon ging.

„Berg hier", klang es energisch am anderen Ende der Leitung.

„Leuchte. Grüß Gott Frau Berg. Ich habe gerade die Zeitungsartikel vor mir. Ganz besonders einer fiel mir auf. Da drin geht es um ein uneheliches Kind." Ich glaubte ein leises Kichern am anderen Ende der Leitung zu vernehmen. Etwas irritiert fuhr ich fort. „Sie können mir nicht zufällig sagen, wer der vermeintliche Vater ist?"

„Natürlich kann ich das. Das wusste doch jeder im Ort. Erst Jahre später stellte sich der wahre Vater allerdings heraus. So lange hieß es für den anderen Spießrutenlaufen." Frau Berg plauderte munter aus dem Nähkästchen und ich hörte wortlos zu. „Wissen Sie, ich hatte sofort diesen Verdacht, aber ich habe es schon so oft erlebt, wie Menschen nur durch einen Verdacht das Leben im Ort schwer gemacht wurde, so dass ich nicht zur Polizei wollte. Auch bin ich mir nicht sicher, ob ich da nicht als ein altes überspanntes Frauenzimmer wahrgenommen werde“, erklärte sie mir freiweg.

„Verstehe ich richtig, Sie hoffen, dass ich Ihren Verdacht teile und mich darum kümmere?“, fragte ich stirnrunzelnd.

Ein promptes „Ja!“ tönte durch den Telefonhörer.

Na, super. Warum blieb immer alles an mir hängen? Was, wenn der Verdacht stimmte? Würde es auch an mir hängen bleiben, den Mörder ans Messer zu liefern, besser gesagt: der Gerechtigkeit zu überantworten. So eine nette Person! Das war doch unmöglich.

Aber Eifersucht war eben ein klassisches Motiv.

Ich ging in die Küche und suchte im Altpapier. Irgendwo hier war doch der Schmierzettel von Blankenfels mit der Liste der Verdächtigen. Endlich fand ich ihn. Mit zitternden Händen las ich ihn. Nein, sie stand nicht auf der Liste der Verdächtigen. Dabei könnte sie's gewesen sein! Ich drehte das Blatt um. Auf der Liste der Anwesenden stand sie auch nicht. Komisch, hatte ich sie vielleicht unbewusst nicht erwähnt, denn sie war hundertprozentig an diesem Abend im Weingut gewesen!

Wahrscheinlich war es ihre unscheinbare Art oder die Tatsache, dass sie im Weingut immer überall anzutreffen war. Oder ... weil ich sie von vorneherein nicht für die Mörderin hielt? In meinem Kopf kreisten die Gedanken. Konnte so ein lieber Mensch ein Mörder sein? Was, wenn ich zu Blankenfels ging und sie war es nicht? Würde er mir überhaupt glauben? Das Schlimmste an all diesen Überlegungen war die Tatsache, dass ich sie gar nicht für eine Mörderin halten konnte.

„Und? Bist du nun schlauer?“, fragte mich Joachim, als er nach meinem Verbleib schaute.

„Ja und nein. Ich fürchte, ich habe einen schlimmen Verdacht, aber wie soll ich das beweisen? Ich kann es ja selber kaum glauben.“ Verzweifelt sah ich Joachim an.

Er nahm mich in den Arm und schaute mir in die Augen. „Das schaffst du schon, da habe ich keine Bedenken“, flüsterte er und küsste mich. Dann ließ er mich mit meinen Gedanken alleine.

Nun hatte ich endlich eine Verdächtige – und ich war total unglücklich darüber. Verzweifelt versuchte ich, mich an ihr Auftreten bei der Beerdigung zu erinnern, an irgendwelche verräterischen Regungen.

Ehe ich es recht bemerkte, hatte ich meine Schuhe und meine Jacke angezogen. Ich schnappte meine Korbflasche und machte mich auf den Weg damit zum Weingut, um Neuen Wein zu holen. Er war zwar schon am Reißen, aber das würde gut zum Kuchen passen. Ja, ich würde heute Abend einen Zwiebelkuchen backen und dazu brauchte ich dringend Neuen Wein ... So sehr ich mir das auch einzureden versuchte, ich wusste ganz genau, dass es mich nur aus einem einzigen Grund zum Weingut zog: Ich wollte es wissen!

Es herrschte reges Treiben im Innenhof. Der Bauer vom Luisenhof bot Kürbisse, Kraut, Kartoffeln und selbstgebackenes Holzofenbrot an. Gäste, vor allem aus Pforzheim und Karlsruhe, kamen extra hierher, kauften Wein, Brot, Obst, Gemüse und aßen in der gemütlichen Weinstube.

Ich ließ mir Neuen Wein abfüllen und schaute suchend umher. Abseits, unter einem Rosenbogen, saß sie in der herbstlichen Sonne. Ihr Gesicht sah müde aus. Mit ihren faltigen, abgeschafften Händen strich sie sich immer wieder ruhig über ihre Kittelschürze. Als sie aufsah, fiel ihr Blick auf mich und ich denke, sie merkte sofort, dass ich nach ihr suchte. Sie winkte mich zu sich. „Guten Tag Frau Leuchte, kommen Sie, setzen Sie sich zu mir!", rief sie mir auffordernd zu.

Langsam ging ich auf die alte Frau Rettinger zu. Sie machte einen müden, zerbrechlichen Eindruck.

„Sie sehen heute nicht gut aus", sagte ich zu ihr und versuchte unbefangen zu wirken.

„Ich bin müde. Einfach müde. Nach all den Jahren der Arbeit, der Sorge um das Weiterbestehen des Weingutes bin ich nun müde", seufzte sie.

Ich fühlte mich elend. Mit meinen Fußspitzen malte ich verlegen Kreise in den Schotter. „Es gab wohl einige Stolpersteine auf ihrem Weg?", fragte ich vorsichtig.

„Das kann man wohl laut sagen. Ich habe mich oft gefragt, wie es wäre, wenn ich meine Koffer gepackt hätte, um einfach wegzugehen. Irgendwohin. In eine Fabrik, meine acht Stunden arbeiten, an jedem Ersten meinen Lohnzettel bekommen und mir um nichts Sorgen machen zu müssen. Wenn das nur so einfach gewesen wäre! Verstehen Sie, ich habe ihn geliebt, meinen Mann, und er liebte sein Weingut. Er hat immer gesagt, ich habe es geerbt und meine Pflicht sei es, es mindestens im gleichen Zustand weiter zu vererben. Also haben wir Altes erhalten und Neues erworben. Und als mein Alfred dann vor 14 Jahren starb, habe ich es weiter so gehalten. Ich habe gekämpft. Weiter gekämpft bis zum Schluss, bis zum bitteren Ende. – Und nun bin ich müde. Verstehen Sie, was ich meine?", fragte sie mit einer ruhigen Stimme. Ihre Augen sahen mich dabei durchdringend an.

Ein Schauer lief mir über den Rücken. „Gerlinde", gab ich fast tonlos zu Antwort.

„Ja, auch Gerlinde", meinte sie und strich sich wieder mit ihren faltigen Händen über ihre Kittelschürze.

Wir saßen eine Weile schweigend nebeneinander, denn ich hatte das Gefühl, dass sie mir noch etwas sagen wollte. Es war, als ob alles um uns herum verstummen würde. Die Umrisse schienen zu verschwinden, als sie leise anfing zu erzählen: „Sie war ein sehr hübsches Ding, hatte es nicht schwer, den Männern den Kopf zu verdrehen. Und dann gab es doch mal einen, der sich nicht für sie interessierte. Bei Alfred biss sie auf Granit und das machte sie fuchsteufelswild. Sie hat ihn beschimpft und ihm gedroht. Ich habe damals alles mitbekommen, daher wusste ich auch, dass mein Alfred nicht der Vater ihres unehelichen Kindes sein konnte. Aber überall hat sie das herumerzählt. Sie hat ihn sogar angezeigt. Ja, sie hat es sogar soweit gebracht, dass es in der Zeitung landete. Natürlich stand da kein Name, aber jeder im Ort wusste, wer gemeint war. Ich nehme an, Sie kennen den Zeitungsartikel. – Ich habe Sie und Frau Berg am Sauter-Fest beobachtet."

Ich nickte stumm.

„Ich bin wohl zu alt für Geheimniskrämerei. Und so bin ich froh, dass Sie jetzt da sind. Ich wartete eigentlich die ganze Zeit nur darauf, wann Sie auf mich kommen würden." Sie lachte leise. „Der ganze Ort weiß, dass Sie sich in den Kopf gesetzt haben, den Fall zu lösen. Ganz zu schweigen von Ihrem Rendezvous mit dem Kommissar im Weinkeller ..."

Ich holte tief Luft. „Das stimmt so aber nicht", meinte ich etwas beleidigt. „Ich wollte lediglich die Unschuld meines Mannes beweisen – und was die Untersuchung im Weinkeller betrifft, so ist mir das schrecklich peinlich."

Frau Rettinger nahm meine Hand und sah mir tief in die Augen. „Es ist fast wie damals, als ich gezwungen war die Unschuld meines Mannes zu beweisen. Glauben Sie mir. Es tut mir aufrichtig leid, dass Joachim verdächtigt wurde. Ich hätte es ganz gewiss nicht zugelassen, wenn er zu unrecht bestraft worden wäre. Aber wenn es nicht alles umsonst gewesen sein sollte, musste ich etwas abwarten!", sagte sie aufgeregt.

„Das glaube ich Ihnen, Frau Rettinger. ... Nur, ... ich wage es gar nicht zu fragen, aber ... haben Sie wirklich Gerlinde umgebracht?"

„Ja. Ich habe Gerlinde vor ihren Richter gestellt", sagte sie nach einer Weile und es schien, als schwinge Stolz in ihrer Stimme mit. „Ich habe es nach all den Jahren der

Verleumdungen und Demütigungen endlich getan. Nachdem Gerlinde meinen Mann öffentlich denunziert hatte, brach eine schwere Zeit für uns an. Heutzutage würde das kaum noch jemanden interessieren, aber vor vierzig Jahren! Wir wurden geschnitten. Keiner wollte mehr bei uns Wein kaufen oder gar seinen Wein bei uns pressen oder ausbauen lassen. Bestellte Festlichkeiten wurden abgesagt. Die Küchenmädchen wurden von ihren Eltern gezwungen, bei uns ihre Stellung aufzugeben – nicht, dass sie womöglich noch schwanger würden! Wie oft haben wir darüber geredet wegzuziehen, alles zu verkaufen. Aber wir wussten genau, dass man im Ort nur darauf wartet, das Weingut zu einem Spottpreis zu bekommen.

Irgendwann kam dann heraus, dass Alfred nicht der Vater war. Es war wohl einfach doch zu offensichtlich, dass es der rothaarige Gipser war. Dann kamen sie plötzlich alle wieder und jeder beteuerte, er hätte an uns geglaubt und so weiter. Lachhaft. Doch Gerlinde gab nicht auf. Sie hatte einen abgrundtiefen Hass gegen uns entwickelt. Sie wusste, sie würde Alfred nicht bekommen, also sollte ich ihn auch nicht mehr haben. Es war bekannt, dass Alfreds Lebensinhalt das Weingut war. Sie machte uns Schwierigkeiten, wo es nur ging. Als sie sich Jahre später in den Gemeinderat hatte wählen lassen, standen ihr dafür Tor und Tür offen. So boykottierte sie es etwa, wenn wir Weinberge ankaufen wollten. Sie sorgte für kostspielige Auflagen; versuchte den Umbau des Weinguts zu stoppen, angeblich aus Denkmalschutzgründen. Sie machte uns beim Fremdenverkehrsamt Schwierigkeiten und was weiß ich noch alles. Aber das Schlimmste war: Von dem Moment an, als unser Sohn seine erste Freundin nach Hause brachte, versuchte ihre Tochter das gleiche Spiel! Sie machte ihm schöne Augen. Versuchte ihn in verfängliche Situationen zu locken. Die gleiche durchtriebene Schlampe wie ihre Mutter. Nachdem Alfred bei dem Unfall im Weinberg ums Leben gekommen war, dachte ich, nun gibt sie endlich Ruhe. Aber nein, sie machte immer weiter. Sie wusste ganz genau, wie wichtig der Wiederaufbau des Schwefelbades für uns ist. Sie hätte es nie zugelassen. Nie!“ Frau Rettinger holte tief Luft und lehnte sich zurück. „Ich habe es leider nie beweisen können, dass Gerlinde beim Unfall von Alfred die Finger im Spiel hatte, aber ich bin mir ganz sicher, dass sie es war. Von da an schwor ich mir, dass ich ihr irgendwann das Licht ausblasen würde. Genauso einfach und schnell wie bei einer Kerze im Weinkeller. Ich habe Jahre lang auf diese Gelegenheit gewartet.

Sie hatte mich an diesem Abend verhöhnt. Hat sich als Siegerin aufgespielt. In ihrer Geltungssucht ist sie mir in den Weinkeller gefolgt. Ich wusste in dem Moment, dass dies meine Chance war. Unser Keller ist lang und schmal. Da sammeln sich sehr schnell giftige Kohlendioxyddämpfe am Boden. Selbst mit einer modernen Belüftung ist es im Herbst lebensgefährlich da hineinzugehen. Die Leute finden es immer romantisch, wenn wir mit einer Kerze in den Weinkeller hinuntersteigen; dass dies zur eigenen Absicherung passiert, wissen die wenigsten. Ich hatte zuvor neuen Wein aus einem Fass geholt und wusste, ab welcher

Höhe die Kerze ausging. Ich musste also nur erreichen, dass Gerlinde sich auf den Boden bückte. Das würde für eine Ohnmacht reichen. So etwas geht ganz schnell. Also habe ich ihre Handtasche genommen und unter das Weinfass gekickt." Frau Rettinger lachte triumphierend auf und sah mich an. „Sie hat gescholten wie ein Rohrspatz. Als sie unter das Fass wollte, ist sie zusammengesunken wie ein alter Sack. Da lag sie dann und erstickte ganz langsam. Und ich muss sagen, das warme Gefühl der Genugtuung war schön. Auch wenn es leider nicht lange anhielt, so lange wie ich darauf hatte warten müssen.

Ich wollte ganz sicher gehen, dass sie wirklich vor ihren Richter treten musste, und habe daher die Belüftung ausgeschaltet. Ein Fehler, denn daran hat sich die Polizei aufgehängt. Nun ja, wir machen eben alle Fehler. Ich schloss also die Türe ab und ging in die Weinstube zurück, um mich um die Gäste zu kümmern. Jetzt war es sowieso zu spät für tätige Reue. Als ich in den nächsten Tagen merkte, dass ich nicht einmal verdächtigt wurde, wusste ich, dass ich nur noch auf Zeit spielen musste. Ich hatte zwar erreicht, dass eine Befürworterin dieser stinkenden Recyclinganlage tot war – aber wie würde der Landrat entscheiden, wenn er erführe, dass ich die Mörderin war? Verstehen Sie, Frau Leuchte? Ich konnte nicht sagen, dass ihr Mann oder Bernd unschuldig sind. Dann wäre alles umsonst gewesen."

Mit flehendem Blick sah mich die alte Dame an.

Ich fragte sie seufzend: „Wann fällt die Entscheidung Schwefelbad oder Recyclinganlage?"

„Morgen. – Ich weiß, es ist viel, was ich von Ihnen verlange, aber ich verlange es nicht für mich. Bitte behalten Sie es für sich. Nur bis morgen, bis wir alle offiziell wissen, wofür sich der Landrat entschieden hat. Ich bitte Sie für meinen Sohn und seine Kinder. Ich bin alt, aber er und seine Kinder haben ihr Leben noch vor sich. Sie können nichts für die Dummheiten einer alten Frau." Bittend sah sie mich aus ihren an Jahren vollen Augen an.

Ausgerechnet in diesem Moment kam ihr jüngster Enkel freudestrahlend auf sie zugerannt. Es schnürte mir die Kehle zu. Der Kleine umarmte seine Oma stürmisch und sie strich ihm mit ihren alten, faltigen Händen über seine goldblonden Locken.

Sie sah mich mit Tränen in den Augen an und meinte leise: „Bitte!"

Ich brauchte eine Weile, bis ich wieder klar denken konnte. Wortlos stand ich auf und machte mich auf den Weg nach Hause. Immer wieder blieb ich stehen, um laut mit mir zu reden. Dabei drehte ich mich um meine eigene Achse. Den Bissingerbrunnen umrundete ich mehrmals, setzte mich da und dort auf eine Bank, stand wieder auf und bemerkte erst, als ich vor der Sickinger Kirchenstaffel stand, dass ich in die falsche Richtung gelaufen war. Eigentlich machte ich mich strafbar. Ich müsste zur Polizei! Auf der anderen Seite hatte ich Verständnis für das, was die alte Dame getan hatte. „Du tust schon das Richtige", sagte ich zu mir. Doch so ganz war ich nicht davon überzeugt. Wenn sie sich nicht selber stellte, was sollte ich dann tun? Sie verraten oder den Mantel des Schweigens über die Geschichte legen?

Als ich mit diesem Gefühlschaos daheim ankam, war Joachim gerade dabei, im Garten die letzten Kartoffeln auszugraben. Da es für mich nichts Beruhigenderes gibt als anderen bei der Arbeit zuzusehen, setzte ich mich erschöpft auf die Terrasse und schaute ihm bei der schweißtreibenden Tätigkeit zu.

Er war so sehr damit beschäftigt, dass er mich gar nicht bemerkte. Ich dagegen zog seinen Anblick förmlich in mich hinein. Nur auf andere Gedanken kommen, war meine Devise. Ich war so sehr beeindruckt, wie Joachim eine Kartoffelstaude nach der anderen ausgrub, dass ich völlig vergaß den neuen Wein in den Kühlschrank zu stellen. So kochte der in der Sonne vor sich hin – bis es einen lauten Knall gab und eine Flasche explodierte.

Joachim hatte offensichtlich nicht einmal den Knall bemerkt, so sehr war er mit dem Graben beschäftig. Ein Umstand, der mich hätte stutzig machen müssen. Er grub mit solch einer Konzentration, dass es mir Angst hätte werden müssen. Denn als ich einmal genauer hinsah, bemerkte ich, dass da keine Kartoffeln mehr zutage kamen. Auch wurde aus dem kleinen Loch so langsam eine Grube, in der Joachim immer mehr verschwand. Mein armer Magen krampfte sich zusammen und mein Puls fing wieder einmal an zu rasen.

Es hatte Joachim wieder erwischt! Er buddelte wieder – und dieses Mal sogar in unserem Garten.

Ich brüllte seinen Namen. Da tauchte sein dreckverschmiertes Gesicht aus der Grube auf: „Ich weiß, Schatz, vergib mir. Aber es liegt einfach zwischen unseren Kartoffeln, kannst du das nicht verstehen?"

Nein, das konnte ich nicht verstehen. Warum war ich nicht, wie andere Frauen, um diese Zeit beim Friseur oder bei der Kosmetikerin? Warum wurde ich so bestraft?

Mein schöner Garten!

Joachim kam mit etwas Schmutzigem in der Hand auf mich zu. „Schau, Schatz, ich werde wirklich nicht mehr auf Ausgrabungstour gehen, versprochen, aber wenn es mir hier in unserm Garten quasi direkt vor die Nase gelegt wird ...", meinte er um Verständnis heischend.

„Können wir es dann wenigstens dieses Mal behalten?", fragte ich.

„Nein", antwortete Joachim kopfschüttelnd. „Alles unter einem Meter gehört in Baden-Württemberg dem Land. Keine Chance. Aber die Mauern können sie sowieso nicht ausgraben und wenn sie sie freilegen, müssen sie auch restaurieren und du bekommst den schönsten antiken Rosengarten im Ort. Versprochen." Joachim grinste.

„Wenn du meinst. Was ist das für ein grünes Ding da?", fragte ich versöhnlich.

„Ein antiker Wasserhahn. Ich bin auf eine Quelle mit Überresten eines alten, wahrscheinlich römischen Brunnens gestoßen", triumphierte Joachim und wandte sich wieder seiner Arbeit zu.

Na ja, das Quellwasser konnte uns das Land wirklich nicht wegnehmen. Es sei denn, es gab eine Steuer für die Nutzung von Quellwasser aus dem eigenen Garten ...

Mit Joachim war an diesem Tag nicht mehr zu reden. Also rief ich Emma an. So schnell konnte der Kaffee gar nicht durch die Maschine laufen, wie sie da war. „Erzähl schon, du weißt etwas, stimmt's?", wollte sie schon an der Haustüre wissen.

„Ja. Und das ist das Problem. Ganz zu schweigen davon, dass Joachim in meinem Garten einen antiken Brunnen ausgräbt", seufzte ich.

„Was ausgräbt?", forschte Emma und warf einen raschen Blick in den Garten. „Verstehe einer deinen Mann! Also, ich habe das nie getan und werde es wohl auch nie tun. – Was weißt du?" Schnell schob sie sich einen Stuhl zurecht und schaute mich erwartungsvoll an.

„Ich weiß jetzt, wer der Mörder ist", sagte ich leise zu ihr.

„Was? ... Ahso ... das ist ja ... toll!", rief sie aus. „Weiß es Blankenfels schon? Na, der wird er Augen machen, dieser Superschnüffler."

Ich wedelte mit meinen Händen und gab Emma zu verstehen, sie solle bloß nicht so laut reden. „Ich habe versprochen, die Person bis morgen nicht zu verraten", gab ich ihr flüsternd zu verstehen.

„Ja, bist du wahnsinnig? Was?? Sicher, der halbe Ort ist froh, dass Gerlinde tot ist, aber immerhin läuft da draußen ein Mörder frei herum!" Emma sah sich vorsichtig um.

„Du brauchst keine Angst haben, sie wird dir nichts tun."

„Sie?"

„Ja, sie. Ich bitte dich, sag niemanden etwas. Zumindest bis morgen nicht", bat ich Emma.

„Einverstanden. Du kannst dich auf mich verlassen. Aber nun sag schon: Wer war's?"

Ich holte tief Luft: „Die alte Frau Rettinger."

Emma war platt. Tonlos murmelte sie mehrmals den Namen. Ihr Gesichtsausdruck zeigte, dass sie es ebenfalls nicht fassen konnte.

Ich erzählte ihr alles. Angefangen von meiner Idee mit dem Neuen Wein bis zum Auftritt des süßen kleinen Enkels mit den goldenen Löckchen.

Emma trank wortlos ihren Kaffee, ging auf die Terrasse, rauchte eine Zigarette und kam wieder in die Küche. Als sie sich auf ihren Stuhl setzte, sah sie mich ernst an und meinte: „In deiner Haut möchte ich nicht stecken."

„Das ist eigentlich nicht das, was ich hören wollte", entgegnete ich brummend. „Etwas mehr Unterstützung, wenn ich bitten darf! Was soll ich jetzt tun?"

„Na, den Mund halten, wie versprochen", meinte Emma knapp. Damit war das Thema für sie erledigt. Urplötzlich hellte sich ihr Gesicht auf. „Ich muss dir auch was erzählen. Ich lasse mich scheiden und werde Frau Bürgermeister!"

„Ah ... äh ... Okay", stotterte ich, froh über jede Ablenkung.

„Nach meinem peinlichen Auftritt auf dem Fest hab' ich mich durchgerungen mit meinem Mann zu reden. Wir haben uns zu einer Scheidung entschlossen. Heute Morgen waren wir beim Anwalt. Es ist bereits alles geregelt. Ich behalte das Haus mit Inventar und Auto sowie die Ferienwohnung und ein paar Tausend Euro. Mehr brauche ich nicht", erzählte sie im Überschwang ihrer Gefühle.

„Na, dann muss es ja wohl Liebe sein, wenn du dich mit so wenig zufrieden gibst“, meinte ich überrascht.

„Nicht wahr?“, rief sie glücklich aus.

„Und wann darf man dann zur Hochzeit gratulieren?“, wollte ich wissen.

„Sobald die Scheidung durch ist, wird das Aufgebot bestellt. Spätestens an Silvester. – So ... und nun schaue ich mir das Loch an, das dein Mann da gerade gräbt.“

So viel zu Emmas Unterstützung in meiner Mordangelegenheit. Aber sie hatte Recht. Ich hatte es der alten Dame versprochen, bis morgen zu schweigen. Wie schön sagt Scarlett O’Harra in „Vom Winde verweht“: Verschieben wir es doch einfach auf morgen.

An ruhigen Schlaf konnte ich in dieser Nacht nicht denken. Ich wälzte mich so lange unruhig hin und her, bis Joachim drohte ins Wohnzimmer umzuziehen. Also kuschelte ich mich an ihn und hoffte auf süße Träume.

Emma hatte mir versprochen sich zu melden, sobald sie in Erfahrung bringen konnte, für welches Projekt sich der Landrat entschieden hatte. Doch bevor sie noch aus bester Quelle, sprich vom Bürgermeister, erfuhr, dass das Schwefelbad das Rennen gemacht hatte, pfiffen es bereits die Spatzen vom Dach. Mir fiel ein Stein vom Herzen. Zugleich aber belastete mich eine andere Sache sehr. Würde Frau Rettinger sich nun der Polizei stellen?

Joachim sorgte dafür, dass mir keine Zeit zum Grübeln blieb. In meinem heiß geliebten Garten wimmelte es nur so von Leuten vom Denkmalamt. Ich war ja auch von der Quelle begeistert, ersparte sie mir doch, Regenwasser zum Gießen des Gartens und der Blumen auffangen zu müssen. Wasser aus der Leitung ist eh viel zu teuer und ökologisch ja auch nicht sinnvoll ... Aber wie die wissenschaftlichen Herrschaften da so in Verzückung geraten konnten, das verstand ich nicht. Aber ich verhielt mich tolerant und bekundete Interesse.

Unterbrochen wurden wir vom jungen Rettinger und seinem Architekten. Nachdem nun der Zuschuss und die Genehmigung an das Projekt Schwefelbad gingen, wollten sie keine Zeit mehr mit der Planung verlieren. Joachim sollte ihnen so schnell wie möglich einen Kostenvoranschlag über die Rekonstruktion und Renovierung machen. Das bedeutete für mich, dass Joachim endlich wieder ins Berufsleben zurückkehren und somit auch wieder Geld in unsere Haushaltskasse fließen würde.

Kurz bevor er ging, meinte der junge Rettinger zu mir: „Du, Andrea, einen schönen Gruß von meiner Mutter und ob du nicht morgen mit diesem Blankenfels bei ihr vorbeikommen könntest. Du wüsstest, um was es geht."

Ich atmete erleichtert auf.

„Wohin sollen Sie morgen mit mir?", fragte es urplötzlich hinter mir.

„Herr Blankenfels! Sie sollen sich doch nicht immer so an mich heranschleichen", rief ich und drehte mich zu ihm um.

In seiner Hand hielt er eine Tüte; dem Duft nach zu schließen, waren da ... frische Schneckennudeln drin.

„Mein Abschiedsessen bei Ihnen“, meinte Blankenfels. „Abschiedsessen?“, fragte ich erstaunt und ging mit ihm in die Küche. „Das klingt aber theatralisch. Was ist denn passiert? Für den Ruhestand sind Sie doch noch etwas zu jung ...“

„Leider! Ich hätte nichts dagegen“. Er lächelte. „Nein, der Fall Gerlinde Franke wird zu den Akten gelegt. Es gibt mittlerweile andere Fälle, die höhere Priorität genießen.“

Ich sah ihn erstaunt an und wollte es sofort genauer wissen. „Das heißt, Sie suchen nicht mehr nach dem Mörder? Vorausgesetzt, er meldet sich freiwillig?“

„Genau“, meinte er zustimmend und griff nach unserem Lieblingsgebäck, bevor er weitersprach. „Aber welcher Mörder meldet sich schon freiwillig! Das ist zwar auch schon vorgekommen, aber ich denke, in diesem Fall wird es eher durch einen dummen Zufall ans Tageslicht kommen. Bis dahin können wir warten. Es handelt sich unserer Ansicht nach um keinen Serientäter.“

So, Andrea, was nun? Nun bist du wieder mit deinem Latein am Ende. Die Polizei sucht offiziell nicht mehr. Das würde bedeuten, wenn Frau Rettinger sich nicht der Polizei stellt, könnte sie noch einen ruhigen, weitaus beschaulicheren Lebensabend verbringen als hinter schwedischen Gardinen. Aber könnte sie das mit ihrem Gewissen vereinbaren? Und wie sah es bei mir aus?

„Seit wann kauen Sie denn an den Fingernägeln?“

Erschrocken sah ich Blankenfels an. „Oh, wenn ich so darüber nachdenke, in letzter Zeit des Öfteren“, entgegnete ich schnell.

Skeptisch musterte mich Blankenfels. Merkte er, dass ich etwas wusste? Ein kalter Schauer lief mir über den Rücken.

„Wieso werde ich das Gefühl nicht los, dass Sie etwas vor mir verbergen? Mitwisserschaft ist strafbar", meinte er und sah mich so durchdringend an, dass ich mich wie in einem Röntgenapparat fühlte. Ich überlegte krampfhaft, was ich ihm sagen sollte, da klingelte sein Handy. Erleichtert sank ich auf einen Stuhl.

„Leider muss ich schleunigst weg. Morgen früh, Punkt zehn Uhr bin ich bei Ihnen und dann sagen Sie mir, was Sie wissen. Und dann gehen wir zusammen zur Mutter des jungen Mannes von vorhin". Sprachs und verschwand Richtung Haustüre ...

8

Es war ein kühler Herbstmorgen. Das Licht aus der Bäckerei leuchtete auf den Gehweg hinaus. Es duftete nach frischgebackenen Brötchen. In der Backstube pulsierte schon das Leben. Als ich die Bäckerei betrat, wurde ich sogleich in Beschlag genommen.

„Guten Morgen, Frau Leuchte. Haben Sie's schon gehört?", fragte mich die Verkäuferin wichtig.

„Nein, was denn?", entgegnete ich höflich.

„Die alte Frau Rettinger ist heute Nacht gestorben! Man hat sie am Morgen tot in ihrem Bett gefunden. Ganz friedlich soll sie da gelegen haben. Man dachte erst, sie würde noch schlafen."

„Frau Leuchte, geht es Ihnen nicht gut?", fragte mich eine der anwesenden Frauen.

„Danke, es ist ... alles in Ordnung. In bester Ordnung", flüsterte ich. Eine Träne lief über meine Wange. Von einer großen Last befreit, trat ich hinaus auf den Gehweg, als die schwere Glocke der Evangelischen Kirche das Schiedling für Frau Rettinger zu läuten begann.

***

Ur-Oma Rettingers Schneckennudel um 1870

Zutaten: 500 g Mehl, 1 TL Salz, 60 g Zucker, 80 g Butter, 1/4 l süße Milch, 25 g Hefe, 1 Ei, für die Füllung 30 g Butter, 65 g Zucker, ½ TL Zimt, 125 g Korinthen und zum Bestreichen 1 Ei

Mit den angegebenen, zimmerwarmen Zutaten bereitet man einen Hefeteig und stellt den dann zum Gehen etwa 1 Stunde in die Wärme. Danach wellt man ihn ½ cm dick aus, schneidet mit dem Rädchen 5 cm breite und 25 cm lange Streifen ab und bestreicht diese mit zerlassener Butter, streut Zucker, Zimt und gebrühte Korinthen darauf und rollt sie gleichmäßig zur Schnecke zusammen. Das Teigende verklebt man mit etwas Eiweiß, setzt sie auf ein bestrichenes Blech und lässt sie nun abermals 25 Minuten gehen. Hierauf bestreicht man sie mit dem inzwischen verrührten Eigelb und bäckt sie bei mäßiger Hitze (140° C) 30 bis 40 Minuten. Sobald sie aus dem Ofen kommen, werden sie mit feinem Zucker (Puderzucker) bestreut. Vielleicht lassen wir die Schneckennudeln nun ein bisschen abkühlen, bevor wir sie, begleitet von Kaffee zuhauf oder Kraichgauwein jedweder Couleur, mampfen.

Schmunzelkrimi, der die nötige Spannung nicht vermissen lässt.

BNN

Der plötzliche Tod der Ehefrau des Chefs der Urologischen Rehaklinik Bad Herrenalb scheint der Kurseelsorgerin Johanna Jobs und ihrem Freund Herrn von Emm äußerst verdächtig. Vor der idyllischen Kulisse des Nordschwarzwaldes kommen Jobs und von Emm gemeinsam mit ihrem Freund Kommissar Kupperer einem Gewirr aus Familienzwist, Untreue und Geldgier auf die Spur, welches bald weitere Opfer fordert.

3. Auflage · 262 Seiten · Paperback
ISBN 978-3-88190-520-6
12,80 Euro

Der Roman verspricht sowohl Spannung als auch Humor.

WOCHENBLATT

Zweiter Fall: Johanna Jobs macht mit ihren Freunden eine harmlose Busreise ins Burgenland um sich von den aufregenden Ereignissen in Bad Herrenalb zu erholen. Doch schon zu Beginn fallen der Hobbykriminalistin erste Ungereimtheiten auf: Einige der Mitreisenden haben allerhand zu verbergen. Und als dann eine Tote im Neusiedlersee gefunden wird, besteht für Johanna Jobs keinerlei Zweifel mehr – etwas ist faul am Urlaubsort.

204 Seiten · Paperback
ISBN 978-3-88190-547-3
12,80 Euro

Mörderische Machenschaften, heitere Klangfarbe.

DER ENZTÄLER ZU „MORD IN HERRENALB"

Johanna Jobs trainiert für den Teufelslauf der am beliebten Wanderziel der Teufelsmühle vorbei kommt. Genau dort stürzt ein Drachenflieger unter geheimnisvollen Umständen ab. Unfall oder Mord? Ein folgender Doppelmord entfacht vollends den kriminalistischen Ehrgeiz der Titelheldin. Unterstützt von ihrem Freund, Herrn v. Emm, ist die „Frau von der Kirch" dem raffinierten Täter bald dicht auf den Fersen.

272 Seiten · Paperback
ISBN 978-3-88190-601-2
12,80 Euro

Handfester Mord in idyllischer Umgebung.

BNN

Der Shooting-Star der Weinbranche, Henriette Jäger, bringt frischen Wind in den Kraichgau. Klar, dass das nicht allen gefällt. Als sie bei der Weinbergsarbeit stirbt, denkt niemand an Mord. Zumal: Beweise gibt es keine. Motive viele. Nur Henriettes Vater nimmt die Ermittlungen auf und lernt im Kraichgau nur gastfreundliche Menschen kennen, die nichts zu verbergen haben. Doch dann weckt der alte Matthaiser einen bösen Verdacht in ihm ...

2. Auflage · 192 Seiten · Paperback
ISBN 978-3-88190-587-9
13,80 Euro

Lindemanns Bibliothek
Literatur und Kunst im Info Verlag
herausgegeben von Thomas Lindemann
dieser Band gemeinsam mit Johannes Hucke

Bibliografische Information der Deutschen Nationalbibliothek
Die Deutsche Nationalbibliothek verzeichnet diese Publikation in der Deutschen Nationalbibliografie; detaillierte bibliografische Daten sind im Internet über http://dnb.d-nb.de abrufbar.

Käppelestraße 10 · 76131 Karlsruhe
www.infoverlag.de

Lindemanns Bibliothek · Band 112
ISBN 978-3-88190-602-9